apropos Marlene Dietrich

Mit einem Essay
von Lars Jacob

Verlag Neue Kritik

Die Reihe »apropos«, die außergewöhnliche Fräuen des zwanzigsten Jahrhunderts porträtiert, wird vom Verlag Neue Kritik herausgegeben.

Lars Jacob, geboren 1968 in Braunschweig. Studium der Germanistik, Philosophie und Theaterwissenschaft in München; Promotion in Köln; arbeitet als Redakteur bei der ARD-Programmdirektion in München.

Bildnachweis:
AKG: 76
Deutsches Filminstitut - DIF: 59, 79
dpa: 57, 61, 64, 69, 78, 80
Keystone: 73
Stiftung Deutsche Kinemathek/Marlene Dietrich Collection:
56, 58, 65, 67, 70, 71, 72, 140

Die Deutsche Bibliothek - CIP-Einheitsaufnahme
Apropos Marlene Dietrich / mit einem Essay von
Lars Jacob. - Frankfurt am Main : Verl. Neue Kritik, 2000
 (Apropos ; 16)
Nebent.: Marlene Dietrich
 ISBN 3-8015-0342-9

© 2000 Verlag Neue Kritik KG Frankfurt am Main
Umschlag Helmut Schade
Druck Tiskarna Tone Tomsic d.d. Ljubljana Slowenien
ISBN 3-8015-0342-9

Inhalt

Lars Jacob
Die letzte Preußin

1947. Der Nachtclub, in dem Marlene Dietrich singt, heißt »Lorelei«, eine Kellerbar im zerbombten Berlin. »Black market – sneak around the corner, Budapester Straße.« Am Klavier sitzt ein kleiner, unscheinbarer Mann mit faltigem Gesicht, pomadiertem gescheiteltem Haar und großen wachen Augen, die jeder Nuance im Vortrag seiner Gesangspartnerin folgen. Marlenes Stimme raunt durch den rauchigen Raum, bringt die grölenden amerikanischen GIs und ihre deutschen ›Fräuleins‹ zum Schweigen. Das ist die Nummer, die sie beherrscht:»Come, I show you things you cannot get elsewhere…« Sie trägt ein eng am Körper anliegendes, schulterfreies Paillettenkleid, ihre Haltung ist statuenhaft, ihr Gesicht wachsweiß, fast bis zur Ausdruckslosigkeit gespannt, nur mit der Müdigkeit der schweren Augenlider, unter denen ihre Blicke verführerisch gebietend wandern.

Die Arme leicht angehoben, schreitet sie durch die Reihen der Tische; aber auch in der gesuchten Nähe zum Publikum bleibt das Objekt der Begierde fern, unnahbar, Strenge und Respekt fordernd. Die Kamera fährt um ihre Schultern herum über den freien Rücken:»I'm selling off, take all I've got!« Sie bietet alles feil – »ambitions! convictions!« – und gibt doch nichts preis, außer den auf Sand gebauten Illusionen, »reaching high, just like new«.

Jedoch: Diese Illusionen bedeuten viel, sind fest verwurzelt; sie reichen tief hinab in die Zeit, stammen aus einer Epoche, die verschüttet ist »in den Ruinen von Berlin« und dennoch mitgesehen werden will im Bild der Frau, die sie beschwört.

Diese Beschwörung erfolgt in deutscher Sprache. Marlene kräht und berlinert die Verse hinaus wie einen Triumph, nachdem sie dieselben zuvor bereits mit schleppendem Ton in Englisch geflüstert hat: »In den Ruinen von Berlin / fangen die Blumen wieder an zu blühn, / und in der Nacht spürst Du von allen Seiten / einen Duft als wie aus alten Zeiten.«

Die alten Zeiten sind jetzt gegenwärtig: 1929. Der Nachtclub, in dem Marlene Dietrich singt, heißt »Der Blaue Engel«. Die Arme in die Hüften gestemmt, das Becken ostentativ vorgestreckt, stellt sie sich frech und provokant vor das johlende Publikum: »Männer umschwirrn mich wie Motten das Licht, / und wenn sie verbrennen, ja dafür kann ich nicht.« Ihre Stimme trällert, ihre Artikulation ist schnoddrig, ihre Garderobe ordinär, ihre Posen obszön, ihre Lieder frivol: »Ich bin die fesche Lola, / der Liebling der Saison. / Ich hab ein Pianola / zu Haus' in mein' Salon. / Doch will mich wer begleiten / da unten aus dem Saal, / den hau' ich in die Seiten / und tret' ihm aufs Pedal.«

Der Mann, der sie 1929 begleitet, der die Pedale am Klavier tritt, ist Friedrich Hollaender. Er hat ihr die Worte auch auf den Leib geschrieben. Fünfzehn Jahre später komponiert und spielt er wieder für sie, untermalt im Nachtclub »Lorelei« dezent den »Black market« wie vormals die »fesche Lola« im *Blauen Engel*. Zur Linken Marlenes steht eine

9

große Trommel am Boden mit der Aufschrift »The Syncopators«. Das ist die Band, in der Hollaender in den zwanziger
Jahren zeitweilig Pianist war und die für die Lola Lola aufge-
spielt hatte. Zwischen 1926 und 1933 galten die »Weintraub
Syncopators« als die beste Jazz-Band Berlins – 1947 gehö-
ren sie längst der Vergangenheit an, von der die GIs im
Nachtclub »Lorelei« nichts wissen können.

Vielleicht erinnern sich diese Besatzungssoldaten an das
Kleid, das Marlene trägt, während sie ihnen die Gesetze
des Überlebens auf dem »Black market Berlin« erklärt:
Es ist dasselbe Kleid, in dem sie im Krieg als Truppenbetreuerin vor die Soldaten getreten ist, um sie aufzu-
muntern, abzulenken, anzufeuern im Kampf gegen Nazi-
Deutschland. Aber dieses Kleid umhüllt im Film nicht die
Emigrantin mit amerikanischem Paß, sondern die Opportu-
nistin Erika von Schlütow, die im Dritten Reich zu den
Spitzen der Gesellschaft gehörte und sich den Machthabern
an den Hals warf. Für Marlene, deren Biographie in entge-
gengesetzter Richtung zu ihrer Rolle verlief, ist die Figur
der Deutschen in der Tat zu einer »Auswärtigen Angelegenheit« geworden – so der Titel des Films, aus dem die
beschriebene Szene stammt –, und zugleich gibt sie ein
›Heimspiel‹ in einem Land, einer Stadt, die einmal ihre
Heimat war.

Mit den in deutsch vorgetragenen Versen »In den Ruinen
von Berlin«, die sie kurz nach Kriegsende in einem amerikanischen Spielfilm singen darf, hat sie sich diese Heimat
endgültig zurückerobert – ein Sieg über das Dritte Reich,
der ihren Begriff von Deutschland und ihr Wertesystem vor
der Welt zuschanden gemacht hat: die preußischen Tugenden und die Freizügigkeit der zwanziger Jahre.

Ist Marlene Dietrich die ›letzte Preußin‹? Eine Spätgeborene, die im Sinne des Kulturgeschichtlers Egon Friedell ein »preußisches Rokoko«[*] en miniature zelebrierte, selbst als Preußen von der Landkarte verschwunden, von der Bühne der Weltgeschichte abgetreten war? Wenn diese Behauptung stimmt, muß das Phänomen Dietrich im Zusammenhang mit der Frage nach einer spezifisch ›preußischen Wesenheit‹ betrachtet werden. Dabei müßte deutlich werden, inwieweit der Mythos Marlene mit einem mythischen Preußenbild in Verbindung gebracht werden kann, das der Geschichtsphilosoph Oswald Spengler Anfang der zwanziger Jahre folgendermaßen umschrieben hat: »Preußentum ist ein Lebensgefühl, ein Instinkt, ein Nichtanderskönnen. … Es ist etwas unendlich Starkes, Freies darin, das kein Nichtdazugehöriger versteht. Das Preußentum ist exklusiv.«
Läßt sich das einmalige, im wörtlichen Sinne exklusive, Ausschließlichkeit beanspruchende Leben und Charisma der Dietrich aus einem als genuin preußisch zu kennzeichnenden Impuls heraus begreifen?

Die beiden eingangs gegeneinandergestellten Filmszenen, gedreht 1929/30 und 1947, geben bereits einen ersten entscheidenden Hinweis. Ihre Entstehungsdaten sind nämlich eng mit dem historischen Verlöschen Preußens verknüpft.
Nur zwei Jahre nach dem *Blauen Engel* – Marlene Dietrich hatte Deutschland bereits den Rücken gekehrt – ließ Kanzler Franz von Papen durch den Präsidenten Hindenburg

[*] So Friedell zur Charakterisierung Theodor Fontanes. Der Begriff hier nicht als Epochenbezeichnung, sondern im allgemeinen Sinne eines »überlebenden Typus«, eines spielerischen Spätstils verstanden (Egon Friedell: Kulturgeschichte der Neuzeit [1927], München 1989, S. 1448).

die preußische Regierung ab- und sich selbst als Reichskommissar für Preußen einsetzen. Der als sogenannter »Preußenschlag« in die Geschichtsbücher eingegangene Staatsstreich beendete die Existenz Preußens als größtem Freistaat des Reichs mit demokratisch-parlamentarischer Verfassung, wie er aus dem Versailler Vertrag hervorgegangen war: ein wichtiger Schritt zur Machtergreifung Hitlers, bedeutete er zugleich das Ende jener vielgerühmten preußischen Toleranz, nach der in den Worten Friedrich des Großen von 1740 »jeder nach seiner Faßon Selich werden mus«. Eine unter Ministerpräsident Otto Braun im Gegensatz zu den restlichen Ländern des Reichs von 1920-32 relativ stabile SPD-Regierung hatte die Maxime des ›alten Fritz‹ als geistiges Erbe begriffen und gepflegt. So unvereinbar die Positionen auf den ersten Blick auch scheinen mögen: Hier führt ein direkter Weg von der preußisch-strengen Tradition zum Klima der Liberalität in den ›Wilden Zwanzigern‹, in denen Marlene Dietrich ihre Lehrjahre als Schauspielerin verbrachte. Ihre Lola Lola im *Blauen Engel* gibt die Summe dieser frühen Erfahrungen und zieht zugleich einen Schlußstrich.

Der zweite Film, *A Foreign Affair*, 1947 unter der Regie von Billy Wilder gedreht, fällt zusammen mit der staatsrechtlichen Auflösung Preußens durch den Alliierten Kontrollrat am 25. Februar 1947. Seine Mitglieder – so steht es im Gesetz Nr. 46 – wollten im »Staat Preußen seit jeher« nur den »Träger des Militarismus und der Reaktion in Deutschland« sehen. Die fortschrittlichen Aspekte Preußens hingegen, wie etwa seine reformerischen Kräfte oder die bereits benannte preußische Toleranz, die Friedell zufolge »jede fremde Individualität und ihre Gesetze anerkennt« und auf die sich wohl auch Marlene Dietrich berufen hätte, wurden damit schlichtweg geleugnet. Der damals »in der ganzen Welt grassierende Preußenkoller«, wie ihn der Sozialdemokrat Otto Braun 1947 beklagte, führte auch zur Auslöschung des weltanschaulichen Systems, dem sich Marlene Dietrich verpflichtet fühlte.

Im August 1991 sind die Gebeine des Preußenkönigs Friedrich II. in einem Staatsakt von Hechingen nach Berlin-Potsdam überführt worden. 90 000 Menschen gaben dem ›großen Preußen‹ das letzte Geleit. Nur neun Monate später, im Mai 1992, ist die ›letzte Preußin‹ Marlene Dietrich von demselben Bestattungsinstitut, dem auch Friedrichs Umbettung oblag, auf einem kleinen Friedhof in Berlin-Friedenau im engsten Kreis von Familie und Freunden beigesetzt worden. Ihre sterblichen Überreste kamen auf eigenen Wunsch aus Paris in ihre Heimatstadt. Das Stück Preußen, das sie 1930 mit ihrem Koffer aus Berlin gerettet hatte, war in ihren Augen nur außerhalb deutscher Grenzen am Leben zu erhalten und konnte erst im Tod dorthin zurückkehren, wo sich nun der Kreis schließt: »Hier steh ich an den Marken meiner Tage« läßt die Grabinschrift den Besucher ihrer letzten Ruhestätte wissen. (Der von der Dietrich selbst ausgewählte Grabspruch entstammt dem Sonett »Abschied vom Leben« des patriotischen Dichters Theodor Körner, Sohn des Schiller-Freundes Christian Gottfried Körner. Marlene Dietrich mag es noch aus ihrer Schulzeit im wilhelminischen Berlin erinnert haben.)

Geht man diesen Marken – den Festen, Grenzen ihres Lebens – nach, so trifft man im Anfang auf die Kreation eines Namens, die ein kleines neunjähriges Mädchen aus preußischer Offiziersfamilie wohl unbewußt, doch bereits höchst instinktsicher vornimmt. Aus Marie Magdalene wird in ihrem Tagebuch über diverse Varianten schließlich der Name Marlene. Den Adelstitel des zweiten Mannes ihrer Mutter, von Losch, übernimmt die 16jährige nicht, was damals durchaus üblich gewesen wäre. Sie behält den bürgerlichen Namen bei – der preußischen Offiziersfamilie fühlt sie sich eng verbunden, der deutsch-konservativen, nationalistischen Junker-Gesinnung, die im Namen ›von Losch‹ mitschwingt, nicht. So entsteht der sprechende Name, von dem Cocteau 1954 bemerkte, daß er »mit einer Liebkosung beginnt und mit einem Peitschenknall endet: Marlene … Dietrich«.

Diese im Namen bereits angelegte Spannung bestimmt auch das Bild der Schauspielerin, das sie in einem der Stilisierung unterworfenen Leben sorgsam kultiviert und immer aufs neue variiert hat. Und darin liegt zugleich eine weitere Facette ihres künstlerisch überformten Preußentums verborgen: Disziplin, Konsequenz und Stringenz in der Arbeit am eigenen Mythos. Auch in diesem Punkt ist sie, die stets Wert legte auf Konventionen und Respekt vor Hierarchien hatte, Vertreterin einer untergegangenen Zeit, die ein tiefer Graben trennt von der unverbindlichen, alle Unterschiede verwischenden Spaßkultur am Ende des zwanzigsten Jahrhunderts.

Ihre Begriffe von Pflichterfüllung, Haltung und Unbestechlichkeit, die zu wichtigen Ingredienzen ihrer Selbstinszenierung wurden, hat die Offizierstochter gleichsam in die Wiege gelegt bekommen. Der Alltag im wilhelminischen Elternhaus war geprägt von preußischer Gründlichkeit und Planmäßigkeit, die peinlich genau zu befolgen waren.

Die Tochter der Dietrich, Maria Riva, beschreibt sie folgendermaßen:

»Man kann nicht beurteilen, ob die Hausangestellten ihre Aufgaben korrekt erledigt haben, wenn man das nicht selbst korrekt gelernt hat.« Dieser Satz gehörte zu den Lehren, die die Mädchen [Marlene und ihre einzige, ein Jahr ältere Schwester Liesel] immer wieder zu hören bekamen. So lernten sie denn Flicken, Schrubben, Wienern, Teppiche klopfen, Wäsche waschen und Scheuern. ... Marlene liebte die Schule nicht. Da sie aber ... gelernt hatte, ohne Widerspruch zu gehorchen, paßte sie sich der strengen Schulordnung an. Wie von ihnen erwartet, brachten die Mädchen nur die besten Schulnoten mit nach Hause. Wenn sie heimkamen, stellten sie die Schuhe in den dafür vorgesehenen Schrank im Flur, zogen die Schnürschuhe fürs Haus an, wuschen sich die Hände, legten die Schulkleidung ab und schlüpften in ihre Hauskittelchen. Bevor sie mit den Hausaufgaben beginnen konnten, die mindestens zwei Stunden in Anspruch nahmen, machten sie zusammen mit einer Privatlehrerin französische Konversation und übten, Aufsätze zu schreiben. Eine weitere Stunde spielten sie Klavier und Geige. Nach dem Musizieren gab es Abendessen. Unter absolutem Schweigen wurde es eingenommen, denn es galt als unbekömmlich, beim Essen zu sprechen. Anschließend lehrte wieder eine Privatlehrerin die Mädchen in englischer Konversation und der Kunst des Aufsatzschreibens. Und erst nachdem die Mutter ihnen die Haare für die Nacht neu geflochten hatte, durften sie eine kostbare halbe Stunde lang tun, was sie wollten.

Die äußere Strenge der Kindheit gibt der Erwachsenen das innere Rüstzeug, eine Kontrolle über sich selbst, die sie auch in den Exzessen ihres Lebens und den Ausschweifungen dieses Jahrhunderts nie den Kopf verlieren läßt. »Logik macht das Leben leichter« – ein von Marlene gern zitierter Ausspruch des Königsbergers Immanuel Kant, auf den sie sich selbst als Kronzeugen für die Leitlinien ihrer Erziehung immer wieder berufen hat:

Meine Erziehung gründete sich auf Immanuel Kant, den kategorischen Imperativ und seine anderen Lehren. So wurde auch Logik jederzeit von mir verlangt. Wenn das, was ich sagte, nicht logisch war, mußte ich mich jeder Konversation enthalten. Auch heute noch verlange ich logisches Denken von anderen, wie es von mir verlangt wurde.

Es geht hier natürlich nicht um eine philosophische Auseinandersetzung mit Kants Lehren, sondern lediglich um den Gestus, die Attitüde seines Denkens. Kants Stil eines nüchtern-klaren Erwägens und kühlen Urteilens, die Mischung aus gedanklicher Sorgfalt, systematischer Ordnung und einem kraftvollen geistigen Antrieb verbunden mit einem gewissen trockenen Humor (bei Kant »Mutterwitz«), seine Betonung von Pflicht und Gehorsam gegenüber dem moralischen Gesetz um seiner selbst willen bergen dabei noch laut E. J. Feuchtwanger den »Widerschein preußischen Ethos«, das auch die Dietrich für ihr Welt- und Selbstverständnis in Anspruch genommen hat.

Noch eine weitere Erfahrung prägt die Kindheit der Dietrich im ausgehenden Preußenstaat: der Erste Weltkrieg. Mit ihm ist sie aufgewachsen. Ihre Tagebücher geben Zeugnis davon. Die 13jährige schreibt Gedichte über »tapfere U-Boote« und freut sich über die »famose« Verleihung des Eisernen Kreuzes an einen Onkel. Die Niederlage begreift sie in kindlicher Naivität als Angriff auf ein in der Privatheit kultiviertes, unbescholtenes Preußenbild, das sich in ihren Augen in dem letzten deutschen Kaiser Wilhelm II. verkörpert. »Warum«, so ist im November 1918 in ihrem Tagebuch zu lesen, »muß ich diese schreckliche Zeit miterleben. Ich wollte doch eine goldene, frohe Jugend haben. Und nun ist es so gekommen. Der Kaiser tut mir so leid, und all die andern!«

Die anderen, das sind auch die Offiziere, Vaterfiguren und kaisertreuen Soldaten, die als Verlierer von der Front heimkehrten – innerlich und äußerlich verwundet und offenbar überflüssig in einer neu anbrechenden Zeit. Das heranwachsende Berliner Mädchen mag hier schon geahnt haben: Wollte sie das schwer angeschlagene Preußenbild ihrer Herkunft und seine Ideale in die Zukunft retten, mußte sie sich an die Stelle dieser gebrochenen preußischen Männergesellschaft setzen, sich emanzipieren, die Hosenrolle des ›stärkeren Geschlechts‹ für sich in Anspruch nehmen und sie im öffentlichen Leben spielen. Die Travestien der Dietrich, ihre Auftritte in Hosenanzug, Frack und Zylinder, die sie nicht erst in Hollywood, sondern bereits in Berlin für sich entdeckt hat, aber auch die demonstrativ zur Schau getragene Abgebrühtheit und burschikose Überlegenheit zeugen hiervon. Ihre Willensstärke, so schreibt die 18jährige, beziehe sie aus einer »grenzenlosen Sinnlichkeit«, die ihr das einst nur den Männern vorbehaltene Feld der »Eroberungen« eröffnet. Das verlorene Abenteuer des preußischen Militarismus entläßt sie, wie sie im September 1919 ihrem Tagebuch anvertraut, »als einen typischen Fall ... der jungen Mädchen aus der sogenannten guten Gesellschaft ..., die in *frühreifer* Sinnlichkeit den prickelnden Reiz erotischer Abenteuer auskosten wollen.«

Zu solchen erotischen Abenteuern gehörte vor allem die gleichgeschlechtliche Liebe, die Marlene Dietrichs Sexualität von Anfang an mitbestimmte. Sie ist im übrigen nichts Unpreußisches, im Gegenteil. Den Königen, die Preußen in erster Linie verkörpert und geprägt haben, war sie ebenfalls nicht ganz fremd. So galt des Soldatenkönigs Friedrich Wilhelm I. eigentliche Liebe, obwohl er seiner Frau 14 Kinder aufnötigte, den ›langen Kerls‹ seiner Garde. Heimlich porträtierte er sie Mann für Mann. Das schönste Mädchen, so bemerkte er einmal, sei ihm gleichgültig gegen die Soldaten, die seine Schwäche wären, für die man ihn zu allem bringen könne. Die latent homoerotische Veranlagung des Vaters bricht sich bei Friedrich II. noch deutlicher Bahn. Für die Frauenliebe war er nicht geschaffen, und ob seine Zwangsehe mit Christine von Braunschweig jemals vollzogen wurde, darf stark bezweifelt werden. Die männerbündlerischen Verhältnisse Wilhelms II. sind bekannt.

Die Dietrich brauchte den Spieß bloß umzudrehen. Der Schlager »Wenn die beste Freundin mit der besten Freundin...« aus der Warenhaus-Revue »Es liegt in der Luft«, den sie, einen Veilchenstrauß am Revers, Wange an Wange mit Margo Lion sang, war der verkappte Lesben-Hit der Berliner Revue-Saison 1928/29 und zugleich die späte Antwort auf die Tabakkollegien und Tafelrunden von Sanssouci.

Es ist auch ein typisch preußischer Zug der Dietrich, daß sie dennoch ihrer ›Frauenpflicht‹ nachkam und heiratete. Ihre Ehe mit dem Regieassistenten Rudolf Sieber, aus der auch die einzige Tochter Maria stammt, hält sie allerdings nicht von wechselnden Liebschaften mit Partnern beiderlei Geschlechts ab. Meist geht sie mehrere Liaisons gleichzeitig ein, eine Angewohnheit, die sie Zeit ihres Lebens beibehalten wird. Eines ihrer Berliner Lieblingslieder, »Ich weiß nicht, zu wem ich gehöre, / ich bin doch zu schade für einen allein. / ... ich glaub', ich gehöre nur mir ganz allein«, trifft auch die eigene Befindlichkeit.

In den zwanziger Jahren tummelt sich Marlene Dietrich in der Berliner Künstlerszene, spielt Theater und Revuen, tritt in Kabaretts auf und ist insgesamt in über 15 Filmen zu sehen. Durchsetzungsstark und ihrer Wirkungsmittel bereits überaus bewußt, bastelt sie an ihrer Karriere. Dennoch bleibt sie eine unter vielen, bis sie Josef von Sternberg in der Revue »Zwei Krawatten« entdeckt. Sternberg, in Hollywood bereits ein gefeierter Regisseur, hielt Ausschau nach einer passenden Besetzung für sein neues Projekt, die Verfilmung des Romans »Professor Unrat« von Heinrich Mann. Gesucht wurde eine geeignete Partnerin für den eigentlichen Star des Films, Emil Jannings, der kurz zuvor in Hollywood mit dem ersten Oscar ausgezeichnet worden war.

Die Erfolgsgeschichte der Dietrich beginnt mit dem *Blauen Engel*, der wiederum den Höhepunkt der Erfolgsgeschichte einer Filmgesellschaft markiert: der UFA. Diese war 1917 von der Obersten Heeresleitung als militärisches »Aufklärungs- und Beeinflussungsmittel«, so der preußische General Ludendorff in seinem Gründungsschreiben, ins Leben gerufen worden. 1927 wurde der inzwischen völlig marode Filmkonzern von einer Gruppe Großindustrieller unter der Leitung des DNVP-Vorsitzenden Alfred von Hugenberg übernommen, die Bankschuld beglichen und die Produktionspolitik radikal umgestellt. Vor allem die Einführung des Tonfilms machte die UFA binnen kurzem zur stärksten Filmmacht in Europa und zur einzigen ernsthaften Konkurrentin der amerikanischen Firmen. Daß die UFA es vermochte, von Sternberg für eine Produktion zu gewinnen, zeugt von der Bedeutung, die die Gesellschaft erlangt hatte. 1930 wurde das vier Hallen umfassende Tonatelier der

UFA fertiggestellt. *Der Blaue Engel* war einer der ersten großen Tonfilme, die darin gedreht wurden.

Um nachvollziehen zu können, welchen Umständen Marlene Dietrich den steilen und unerwarteten Anstieg ihrer Karriere verdankte, muß man etwas weiter ausholen, das Umfeld beleuchten, in dem der »Blaue Engel« seine Flügel entfalten und zu seinem Höhenflug ansetzen konnte.

Das Erfolgsgeheimnis der UFA bestand in einer Mischung aus Kommerz und Prestige, personifiziert in dem Generaldirektor Dr. Ludwig Klitzsch und dem Produzenten Erich Pommer. *Der Blaue Engel* war das Produkt dieser kreativen, typisch preußischen Vernunfts- und Zweckehe, wie sie der Filmhistoriker Jerzy Toeplitz beschreibt:

> Als Beispiel für einen kommerziellen und Prestigefilm zugleich kann *Der Blaue Engel* gelten. Die Haupttrümpfe dieser Produktion waren Josef von Sternberg, Emil Jannings und Heinrich Mann. Im Verlauf der Auswertung erwies sich, daß der Film einen weiteren und wohl den größten Trumpf besaß – Marlene Dietrich. Das aber war noch nicht alles – die Musik schrieb Friedrich Hollaender, die Bauten besorgten Otto Hunte und Emil Hasler, die Kamera führten Günther Rittau und Hans Schneeberger, Autoren des Szenariums waren Carl Zuckmayer, Karl Vollmoeller und Robert Liebmann, in Nebenrollen traten Hans Albers und Kurt Gerron auf. Jeder der Obenerwähnten galt als Kapazität auf seinem Gebiet. Die Konzentration vieler solcher Spitzenkräfte in einem Film erhöhte dessen Wert ungemein, sowohl in kommerzieller Hinsicht als auch das Prestige betreffend. Die Produktion des Films hatte der über die Grenzen hinaus bekannte Erich Pommer geleitet ... *Der Blaue Engel* wurde von Menschen mit künstlerischem Ehrgeiz geschaffen. Der Direktion der UFA war nicht daran gelegen, diesen Ehrgeiz zu hemmen, vielmehr suchte sie ihn zu fördern. Die UFA war auf ihre Art ein Mäzen, der verstand, daß

ein Filmproduzent nicht a priori jedweden Kunstelementen abschwören darf. Ganz im Gegenteil – das Rezept für einen Kommerz- und Prestigefilm ließ natürlich auch Kunst zu, allerdings unter der Bedingung, daß sie bestimmte, im voraus gesetzte Grenzen nicht überschreitet.

Eine Balance aus Freiheit und Maßhalten, aus künstlerischer Ambition und pragmatischem Denken also, sowohl im Sinne »politischer Meinungsäußerung« als auch bei »Experimenten formaler Natur« (Toeplitz) war das ungeschriebene Gesetz, das das Zustandekommen des Films ermöglichte: *Der Blaue Engel* war gewagt, ohne ausfallend zu sein, er war freigeistig, ohne aufzustacheln, und er war ästhetisch avanciert, ohne seine künstlerischen Vorbilder zu diskreditieren. Er führte Traditionslinien weiter, durchkreuzte sie aber nicht. Toeplitz spricht von einer gewissen »Elastizität« sowohl auf seiten der Künstler wie der Geldgeber, die nicht mit Gesinnungslosigkeit verwechselt werden darf, sondern auch als Bestandteil jener oben bereits erwähnten preußischen Toleranz zu gelten hat. Denselben Ausdruck der Elastizität bemüht in gleicher Weise der Kulturgeschichtler Egon Friedell in seinem Versuch, dem Begriff des Preußischen näherzukommen. »Jene paradoxe Mischung … aus Realismus und Idealismus, aus anpassungsfähiger Elastizität und unerschütterlicher Prinzipientreue«, von der Friedell schreibt, ist auch kennzeichnend für das von Toeplitz folgendermaßen eingestufte Projekt *Der Blaue Engel*:

Ein typisches Beispiel für die politische Elastizität der UFA bietet gerade *Der Blaue Engel*. Den Roman Heinrich Manns (»Professor Unrat«) zu verfilmen, eines Mannes der Linken und ausgesprochenen Gegners der politischen Linie Hugenbergs – des Vorsitzenden der rechten Deutschnationalen Volkspartei –, war, gelinde gesagt, ein kühnes Unterfangen.

Es ist kaum anzunehmen, daß Hugenberg davon nichts gewußt und Klitzsch entgegen den ›Anweisungen‹ seines Chefs gehandelt haben sollte.

Sicherlich spielte bei der Entscheidung für den *Blauen Engel* das zu erwartende Geschäft und die erhoffte Steigerung des Renommees eine entscheidende Rolle; die Voraussetzung für eine Zusammenarbeit auch über politische und weltanschauliche Grenzen hinweg (personifiziert in den Polen Hugenberg / Heinrich Mann, auf darstellerischer Ebene in den Polen Jannings / Dietrich) war jedoch jene Elastizität, ein gegenseitiges Gewährenlassen und Achtung vor dem Andersdenkenden. Eine solche Haltung lag durchaus in alter preußischer Tradition. So schrieb etwa Friedrich II. 1770 zum Werk Voltaires, über das er sich zuvor ablehnend geäußert hatte:

> Man kann verschiedener Meinung sein, ohne einander zu hassen, ganz besonders, ohne sich gegenseitig zu verfolgen. Ich habe gegen den Verfasser Stellung bezogen, weil mich seine Gründe nicht zu überzeugen vermochten. Wollte man ihn aber verbrennen, so würde ich Wasser herbeischleppen, um seinen Scheiterhaufen zu löschen. So muß man gesinnt sein …

Um 1930 schien ein Handeln aus dieser Gesinnung noch möglich: Hugenberg produzierte den *Blauen Engel*, obwohl er ihm inhaltlich wie formal gegen den Strich gegangen sein dürfte, Heinrich Mann milderte im Gegenzug die »satirische Zeichnung der wilhelminisch-preußischen Szenerie des Buches«, von Sternberg hielt die Figur des Immanuel Rath »in der Schwebe zwischen Größe und Lächerlichkeit« (Toeplitz). Die geübte Elastizität bedeutete letztlich keine künstlerische Einbuße, sondern einen – wie Mann selbst erklärt – »großen und dankenswerten Gewinn«.

Davon profitierte vor allem die Figur der Lola Lola. Marlenes inszenierte Schnoddrigkeit wirkt nämlich nur auf der Folie von Raths Verklemmtheit und Befangenheit, die die Tingeltangel-Sängerin von Anfang an reizen. Seine Biederkeit läßt sie für den kauzigen Professor überhaupt erst empfänglich werden.

»Du bist ja so süß!« schäkert sie, indem sie Rath sanft am Bart krault. Ihrer vermeintlichen Verruchtheit und Schamlosigkeit haftet aus heutiger Sicht selbst ein Stück wilhelminischer Sprödigkeit und gefallsüchtiger Verstocktheit an – in der Art, wie sie sich ständig in Pose wirft, ihren Schneid verkauft, pedantisch den Sitz ihrer steifen Reifröckchen- und Mieder-Uniformen überprüft oder ihre Puderdöschen und Schwämmchen auf ihrem Schminktisch in Reih und Glied aufmarschieren läßt. In diesem Licht erscheint die »fesche Lola« auch als unterdrücktes Phantasiegebilde eines Purismus friderizianischer Prägung, ihre ›Erotik‹ als preußische Koketterie.

Stolz und Standesehre sind der leichtlebigen Sängerin mit dem saloppen Namen durchaus ein Begriff. Einen Kapitän aus Kalkutta, zu dem sie »etwas nett« sein soll, weist sie mit den Worten »Tu ich nich'. Ich bin Künstlerin!« barsch zurück. In einer anderen Szene ist sie domestiziert zur jungfräulichen Braut mit Kränzchen und Schleifchen im Haar, die aufblickend am Arm ihres frisch Angetrauten hängt, allerdings nicht im Kreis von Adligen und Offizieren, sondern in dem der Varietékünstler. Am Ende weist sie den vielfach Gedemütigten unerbittlich zurück – in die Pflicht, die eiserne Disziplin des Bühnenauftritts. Und der bereits gebrochene Rath folgt ihren Befehlen wie im ›Kadavergehorsam‹. »Was ist denn dir in die Krone gefahren«, herrscht ihn das ›Raubtier‹ im Kommandoton an: »Du willst nicht auftreten? – Du *wirst* auftreten! Los, geh raus, mach dein' Klamauk!«

Den Preußenstaat, an dessen Tugenden der Gymnasialprofessor mit dem sprechenden Vornamen Immanuel hängt, hat Lola Lola alias Marlene Dietrich im *Blauen Engel* keineswegs demontiert, sondern in der Halbwelt des Varietés neu errichtet. Seine Werte und Mechanismen wirken selbst da noch, wo sie dezent persifliert werden. Der Bereitschaft zur Annäherung und Verständigung über Vorurteile und Ressentiments hinweg verdankt Marlene Dietrich auch ihre Entdeckung. Zeitgeschichtlich betrachtet ist ihre »fesche Lola« die artistische Schaumgeburt preußischer Duldsamkeit in geistigen Belangen, die hier ein letztes Mal zum Zuge kommt.

Bereits ein Jahr später, ab 1931, war an eine solche Verständigung oder ›Elastizität‹ nicht mehr zu denken, der liberale Geist aus der UFA ausgezogen. Seit dem Kabinett Brüning und besonders seit dessen Nachfolger Franz von Papen, einem Vertrauensmann Hugenbergs, kam der Aufsichtsrat der UFA zu dem Schluß, statt Filmen wie dem *Blauen Engel* solche Projekte zu unterstützen, die nationales Pathos beim Publikum entfachen sollten. Bereits seit 1930 beriefen sich die Vertreter dieser Linie ebenfalls auf Preußen und seine zentrale Figur, Friedrich II. Filme wie *Das Flötenkonzert von Sanssouci* (Ende 1930), *Der Choral von Leuthen* (1931) oder *Barberina, die Tänzerin von Sanssouci* (1932) verherrlichten Fridericus Rex als wetterfesten Soldatenkönig, als – wie der nazistische Filmkritiker Oskar Kalbus schrieb – »das aktuellste Thema in unserer heutigen führergläubigen Zeit«. Diese Art Preußen-Filme, so

Toeplitz' Fazit, handelten »nur formal von Friedrich dem Großen, in Wirklichkeit aber von Adolf Hitler«.

Marlene Dietrich, deren Name seit dem *Blauen Engel* fest an die Figur der Lola Lola geknüpft war, hatte in dieser Szenerie nichts verloren. Eine nationalsozialistische Hetz-Karikatur auf dem Titelblatt der »Brennessel« vom Januar 1933 – erschienen kurz vor den Bücherverbrennungen (u.a. auch von Werken Heinrich Manns) auf offener Straße, die Friedrichs II. Gebot der Toleranz mit Füßen traten – verdeutlicht, wie binnen kurzem jene preußische Elastizität völlig aufgebraucht war, die Fronten sich verhärtet hatten: Heinrich Manns zum prototypischen Juden ausstaffierter Kopf ist auf den Körper der auf der Tonne sitzenden, mit Strapsen bekleideten Dietrich montiert. Am Fuß der Karikatur läuft eine Notenlinie, unter der der Text »Ich bin von Kopf bis Fuß auf Juda eingestellt« zu lesen ist. *Der Blaue Engel* ist hier nicht länger Sinnbild einer stillschweigenden Übereinkunft, sondern bevorzugtes Objekt lautstarker Diffamierung.

Der Auftritt des »Lieblings der Saison« gerät zugleich zu seinem Abgang. Unmittelbar nach der Premiere des *Blauen Engel* verläßt Marlene Dietrich Deutschland. Ihre Gründe waren sicherlich nicht politischer Natur. Sie folgte ›ihrem‹ Regisseur von Sternberg und einem Angebot der Paramount, die sie in Hollywood als Widerpart zu Greta Garbo aufbauen wollte und ihr hohe Gagen versprach. Die Dietrich empfand sich im übrigen wie die überwiegende Zahl ihrer Kollegen zu diesem Zeitpunkt als gänzlich unpolitisch. Dennoch bleibt die Geste der unverzüglichen Abreise, wenn nicht auf der Ebene des biographischen, so doch auf der des symbolischen Handelns von Bedeutung. Sie zeigt, wie eng, oft zufällig und meist erst im nachhinein augenfällig die geschichtliche Stunde mit dem persönlichen Geschick verknüpft ist: Am 30. März 1930 trat die SPD-Regierung Hermann Müller zurück. Der neue, von Präsident Hindenburg einberufene Kabinettschef Brüning regierte Deutschland von diesem Tag an unter Ausschaltung der Volksvertretung, des Reichstags, mit Hilfe diktatorischer Notverordnungen. Damit war der entscheidende Schritt nach rechts, in Richtung Niedergang der Weimarer Republik getan. Nur zwei Tage später, am 1. April 1930, fand in Berlin die Uraufführung des *Blauen Engel* mit prominenten Gästen im Gloriapalast statt. In weißem Chiffonkleid und in einen langen Hermelinmantel gehüllt, verschwand Marlene Dietrich von der Premierenfeier, um den Zug nach Bremerhaven zu erreichen, von wo aus sie die »Bremen« nach Amerika brachte.

Die in den USA noch völlig unbekannte Deutsche – kein einziger Film mit ihr war bis dato in den amerikanischen Kinos zu sehen gewesen – wird bei ihrer Ankunft in New York bereits als Star mit großem Presseaufgebot empfangen. In Hollywood lebt sie in einem von ihrer Filmgesellschaft, der Paramount, luxuriös ausgestatteten ›goldenen Käfig‹ mit Dienstpersonal, Chauffeur, Swimmingpool und genau inventarisiertem Hausrat. Im sonnigen Kalifornien führt sie ein äußerlich sorgenfreies, verschwenderisches Leben zwischen Dreharbeiten und den obligatorischen Film-Parties und sehnt sich im stillen nach ihrer Heimat und ihrer Familie, vor allem nach ihrer Tochter Maria, die sie schließlich 1931 zu sich in die Staaten holt.

In Hollywood beginnt die Phase der Stilisierung zum mondänen Vamp – für die Dietrich eine Phase der totalen Um-
formung und radikalen Neuschöpfung, die vor allem der
Regisseur Josef von Sternberg an ihr vornimmt. Zwischen
1930 und '35 entstehen sechs Filme, in denen aus der pol-
ternd direkten Lola Lola die geheimnisumwitterte Unnah-
bare mit den hohen Wangenknochen, der offenen Stirn, dem
verhangenen Blick und den überzeichneten Augenbrauen
wird. Radikale Hungerkuren und die Einnahme von Epso-
mer Bittersalz – regelmäßig einige Wochen vor Beginn der
Dreharbeiten – machen aus dem Pummelchen des *Blauen
Engel* die ranke und schlanke Leinwandgöttin. In den fünf
Jahren ihrer Zusammenarbeit kreiert von Sternberg aus
dem ›Material‹ den ›Mythos‹ Marlene. Wieder kommt ihr
bei diesem Verwandlungsprozeß eine preußische Tugend
zustatten: ihr ›Untertanengeist‹, die Fähigkeit sich zu fügen,
ohne die eigene Person zu verleugnen, das Talent sich aus-
zuliefern, unter fremdem Befehl zu stellen, sich in anderer
Hände zu geben bis an den Rand der Selbstaufgabe. Dieser
Rand aber wurde von ihr nicht überschritten, weil die
Unterordnung bei ihr Teil der Arbeitsdisziplin war, nicht
Persönlichkeitsschwäche:»Ich mache ja, was man mir sagt«,
erklärte sie noch in den achtziger Jahren im Gespräch mit
Maximilian Schell rückblickend auf ihre Arbeit als Film-
schauspielerin.
Die Ambivalenz solchen Verhaltens und die Gefahr, die
Selbstverantwortung im Befehlsgehorsam zu vergessen, hat
die Dietrich selbst bemerkt. Ihr Aufstieg zum Hollywood-
Star vollzog sich parallel zu dem Hitlers zum Diktator. In
demselben Interview mit Schell vergleicht die Dietrich
die Mechanismen dieses Aufstiegs und führt sie verkürzt

auf dieselbe Grundbefindlichkeit, den Hang zur Unterwerfung unter einen ›Führer‹, zurück:

> Aber auf alle Fälle haben die Deutschen mit Hitler mitgemacht. … Und da ich doch die Deutschen kenn', da ich doch selber Deutsche bin: Die wollten einen Führer und die haben einen Führer bekommen. … Denn, wir alle Deutschen sind doch so. Wir wollen einen Führer … Wir wollen jemand, der uns sagt, was wir machen sollen, nicht wahr? … Daß jemand mir sagt, mach so und mach das. Koche, mach die Türe auf, tu das, tu das. So bin ich erzogen …

Eben dieses anerzogene Verhalten verhilft der Dietrich dazu, unter der Regieführung von Sternbergs zum ›Stern‹ Hollywoods zu avancieren, während sich ihre Landsleute unter ihrem Führer Adolf Hitler in die Nacht des Faschismus verirrten. Die Dietrich – in künstlerischen Belangen wie in ihrem Privatleben in den frühen dreißiger Jahren ohne Zweifel eine Grenzgängerin – kannte den Rand zur Selbstaufgabe. (»Aber mit Hitler nun nicht. Da ging's nicht mehr mit mir.«) So überwand sie zuletzt auch von Sternbergs Regie-Regiment, gelang es ihr sogar, als dessen »Geschöpf« ihren eigenen »Schöpfer« zu überwinden. Ihre äußerste Markierung hieß: Hingabe. Eben diese stellte sie auch in ihrer ersten amerikanischen Produktion dar: In *Morocco* spielt sie die aus einem europäischen Land – Deutschland? – eintreffende ›One-Way-Passagierin‹, die in der Schlußeinstellung ihre hochhackigen Schuhe abstreift, um ihrer Soldatenliebe, dem Fremdenlegionär Tom Brown, und dessen Truppe in die Wüste zu folgen. Ihre Tochter Maria interpretiert diesen Gestus der, wie Sternberg einmal sarkastisch anmerkte, »kleinen deutschen Hausfrau« auch als die ausschlaggebende mentale Verfassung, mit der die Dietrich später zur Truppenbetreuung an die Fronten des Zweiten

Weltkriegs aufbrach: »Meine Mutter war bereit, Gabin [Jean Gabin, ihr damaliger Geliebter] in den Krieg zu folgen. Sie ging zwar nicht bis zu den hochhackigen Schuhen und dem Seidenkleid aus der letzten Einstellung aus *Morocco,* aber ihre Gefühlslage war dieselbe.«

Eingebunden in das kommerzielle System des streng kapitalistischen Hollywood konnte diese sentimental-heroische Gefühlslage wie die Stilisierung alles Soldatischen als preußische Lebensform nicht zum Größenwahn ausarten, sondern produktiv in die Traumfabrik eingebracht werden, wohingegen sie sich in Nazi-Deutschland zum Alptraum entwickelte. Den preußischen Glanz hat die Dietrich erfolgreich in den amerikanischen Glamour überführen können und damit vor der Diskreditierung gerettet. In einem Land, in dem der *pursuit of happiness*, das Streben nach Glück, gleichsam verfassungsrechtlich festgeschrieben ist und das damit in seinen Grundfesten konträr zu Marlene Dietrichs am »kategorischen Imperativ« ausgerichteter Persönlichkeitsstruktur war, mußte sich das Preußische zur Privatphilosophie verkleinern.

In ästhetischer Hinsicht wurde es allerdings zum wichtigen Bestandteil ihrer Wirkung, zu ihrem eigenen Stil. Besonders gut ist dies in *Shanghai Express* nachzuvollziehen. Den Höhepunkt des atmosphärisch wohl dichtesten Films des Gespanns Sternberg/Dietrich bildet das als Großaufnahme in Unteransicht und mit Oberlicht aufgenommene marmorweiße Gesicht der Dietrich, die aufwärts blickend, die Arme vor der Brust verschränkt aus dem Dunkel auftaucht. Alle Bewegung im Film, der aus einer einzigen Zugfahrt besteht, scheint auf dieses eine *film still* hin ausgerichtet. Die schauspielerische Charakterrolle schmilzt vollkommen in dem einen statuarischen Klischee zusammen. Die Figur erstarrt, bleibt auf Distanz. Das Antlitz wird zur geheimnisumwitterten Maske, die jede Identifikation abweist, durch die das individuell Menschliche nur leise hindurchtönt. Die weit geöffneten Augen sind undurchdringlich, verschließen sich jeder Anteilnahme. Der verschleierte Blick fixiert kein bestimmtes Objekt, verliert sich im Unendlichen. Der Reiz des in Nahaufnahme vorgeführten Unnahbaren, jene »unterkühlte Erotik«, die Marlene Dietrich immer aufs neue zur Schau gestellt und zu einem geflügelten Wort gemacht hat, birgt noch den Nachhall der preußischen Maxime des »Beherrsche deine Gefühle, zeige nicht, was du empfindest«: die auf der Oberfläche zelebrierte innere Undurchdringlichkeit – eine Ausstrahlung, die sich über das ›kalte‹ Medium des Schwarzweißfilms besonders gut transportieren ließ und speziell für das amerikanische Publikum den Reiz des Fremden erregen mußte. Dem Betrachter enthüllt sich ein Gesicht, in das man, wie Erich Maria Remarque schwärmte, »alles hineinträumen« kann, eine reine Effusion von Licht und Schatten, ein absolutes Formgebilde. Das unbedingte Formstreben, das Augen-Maß-Halten und der Hang zur sichtbaren Perfektion, die die Arbeit Marlenes an ihrem eigenen Bild stets leitete, haben auffallend mit der typisch preußischen Attitüde des »Bewahre die Haltung, die Form ist der Inhalt« zu tun.

Das »Geniewunder der Gesichtsvision«, so der in die Dietrich förmlich vernarrte Alfred Kerr, wird in den Augen des von den Nazis aus Berlin vertriebenen Kritikers zur Chiffre des Widerstands. Gleichsam in der Rolle der Antipodin

Hitlers konnte Marlene Dietrich den Begriff des Preußischen im neugewonnenen Rahmen eines Weltstars als geistiges Erbe für sich reklamieren und berief sich dabei auf »das Gespür einer Berlinerin«. »Der Hitler mit seinem Fimmel für Strapse«, spottet sie gegenüber Remarque, »ob er wohl eine Kopie des *Blauen Engel* für sich behalten hat, als alle Filme verbrannt wurden?« Wäre der Diktator Hitler in ähnlicher Weise zur Strecke zu bringen gewesen wie der Schultyrann Immanuel Rath?

Mit dieser Art von ›Galgenhumor‹, den die Dietrich andernorts als typischen »Berliner Humor« definiert (»Ein scharfer, trockener, selbstverständlicher Witz, gemischt mit Galgenhumor und Selbstironie; ein oft tragischer Humor, der ohne jeden Respekt und ohne jedes Selbstmitleid ist.«), spielte bekanntlich auch der durch Hitlers Machtergreifung zur ›Weltbürgerschaft‹ genötigte Thomas Mann. Mann verstand sich nach seiner Ausreise aus Deutschland als »weithin sichtbare, repräsentative Gegenfigur zu Hitler« (Marcel Reich-Ranicki). Um die kontrastive Nähe herauszustellen, nannte Thomas Mann ihn in einem Aufsatz von 1938 seinen »Bruder«, freilich einen »etwas unangenehmen und beschämenden«, der ihm jedoch ein »Sich-wieder-Erkennen, die Bereitschaft zur Selbstvernichtung mit dem Hassenswerten« abnötigte.

In gleicher Weise, als Alternative zum »Phänomen« Hitler, in dem Mann »eine Erscheinungsform des Künstlertums wiederzuerkennen« glaubte, wurde der Fall Dietrich auch von den Intellektuellen aufgefaßt. So erklärt etwa der Schriftsteller Jean Améry:

> Die Künstlerin Dietrich ist seit dem Machtantritt Hitlers wahrscheinlich wider Willen, gewiß entgegen ihrer ursprünglichen

Bestimmung, Symbol der öffentlichen Sache. Marlene Dietrich ist ein zeitgeschichtliches Phänomen. Sie war und sie blieb ... ein Politikum. In den im freundlichen Flachland gelegenen Gefilden der »leichten« Kunst bedeutet sie das, was auf den Höhen von Davos und Sils-Maria, dort also, wo es todernst und feierlich zugeht, Thomas Mann war. Beide, die zierliche Frau mit den dokumentarisch belegt hübschen Beinen und den Dichter mit dem strengen Patrizierkopf, hätte herzlich gern das Dritte Reich in dessen Anfängen als verlorene, aber wiedergefundene Kinder Deutschlands an den Busen gedrückt ... Beide blieben sie unzugänglich – die Künstlerin Dietrich noch etwas energischer als der Schriftsteller Thomas Mann.

Marlene Dietrich war im strengen Wortsinn keine Emigrantin. Wie bereits erwähnt verließ sie Deutschland in erster Linie aus Karrieregründen, nicht aus politischer Überzeugung oder gar, weil sie verfolgt gewesen wäre. Die zahlreichen Angebote, die ihr die UFA ab 1933 unterbreitete, um sie aus Hollywood zurück nach Berlin zu locken, lehnte sie u.a. auch deshalb ab, weil sie in ihrer Heimatstadt nicht unter der Regie ›ihres‹ Regisseurs Josef von Sternberg hätte drehen können, der jüdischer Abstammung war. Nach den gescheiterten Versuchen, sie nach Deutschland zurückzuholen, galt sie dort ab 1935 als unerwünscht. Die Dietrich hat auch nach der Machtergreifung Hitlers nie vom rein politischen Standpunkt aus argumentiert, sondern immer aus der Perspektive eines preußischen Ehrenkodex. Sie habe ihr Vaterland aufgegeben, erklärt sie in einem Interview von 1966, weil es ihr »Schande gemacht« habe, sie habe sich Deutschland »aus Anstand« verweigert, schreibt sie in ihrer Autobiographie. Das Pflichtgefühl kehrt sich gegen das Heimatland, das sich von moralischer Verpflichtung mehr und mehr entfernte. »Ich lernte, meine Pflicht zu tun, Pflicht gegenüber den Prinzipien, für die man steht«, bemerkt die Dietrich rückblickend in einem Fernsehinterview von 1971. Améry erläutert diese Prinzipientreue einer vermeintlich Unpolitischen, die sich aus Selbstachtung und Ehrfurcht vor ihrem preußischen Hintergrund nicht für das nationalsozialistische Deutschland zur Verfügung stellte:

> Sie war im engeren Sinne des Politischen nicht fixiert gewesen und hatte auch später keine politische Stellung bezogen. Ihre Wahl, nicht aus den USA nach Deutschland zurückzukehren, als Hitler die Macht ergriff, war eine *moralische* und hatte nur insofern mit Politik zu tun, als damals jedes moralische bzw. unmoralische Verhalten politische Konsequenzen nach sich zog.

Das Frühjahr und den Sommer 1933 verbringt Marlene Dietrich in Europa. In Paris, wo sie Schallplattenaufnahmen macht, versorgt sie zahlreiche aus Deutschland geflohene Künstler. In ihrem Versailler Hotel, so schreibt die Tochter Maria mit ironischem Unterton, »blühte ein kleines Berlin. Daß sie Preußin war, vermehrte ihre Menschlichkeit.« In den österreichischen Bergen nahe Salzburg kommt es zu einem Treffen mit Mutter und Schwester. Versuche der Dietrich, beide zur Übersiedlung nach Amerika zu bewegen, scheitern. Nach dem Bruch mit von Sternberg pendelt die Dietrich zwischen 1936 und '39 ständig zwischen der neuen und der alten Welt, umkreist vom europäischen Kontinent aus das nicht mehr betretbare Vaterland. Die Metropolen London, Paris und – bis zum ›Anschluß‹ Österreichs – Wien sowie die Côte d'Azur sind die Orte, an denen sie jetzt insgesamt mehr Zeit verbringt als in New York und Hollywood.

Als der amerikanische Verband unabhängiger Kinobesitzer sie im Mai 1937 in allen großen Blättern als »Gift für die

Kinokassen« bezeichnet und ihre Filmkarriere als Star der Paramount damit beendet scheint, ist sie entschlossen, den USA endgültig den Rücken zu kehren. Im Sommer '37 trifft sie sich nochmals in Wien mit der völlig uneinsichtigen Mutter, die sich weiterhin beharrlich weigert, Berlin zu verlassen; die verängstigte Schwester Marlenes gehorcht der dominanten Mutter.

Im Sommer '38 und '39 – noch bis unmittelbar vor Ausbruch des Krieges – ist die Dietrich in dem illustren südfranzösischen Badeort Cap d'Antibes, wie immer in ständiger Begleitung ihrer ›Entourage‹, dem Ehemann Rudolf Sieber, dem derzeitigen Geliebten Erich Maria Remarque, der Tocher Maria und der Haushälterin Tami, die zugleich die Geliebte des Ehegatten ist. Dort führt sie ein luxuriöses Leben der Zerstreuung und Verdrängung in einem enger zusammenrückenden Jet-set am Rande der heraufziehenden Katastrophe. Die unwirkliche Leichtigkeit wechselt mit wehmütigen Stimmungen. Von einem Liederabend mit dem Sänger Richard Tauber berichtet sie, wie sie »alle bei den ›Grenadieren‹ von Schumann geweint« hätten. Auf der Rückfahrt, so die Dietrich weiter, »sangen wir im Zug zusammen alle alten Lieder, und Berlin war wieder da, so stark und so nah, daß wir ganz verloren … ausstiegen.«

Seit Juni 1939 ist die Heimatlose im Besitz eines amerikanischen Passes. Bereits im März '37 hatte sie einen Antrag auf amerikanische Staatsbürgerschaft gestellt. Ende August '39 kehrt sie zu Dreharbeiten zurück nach Hollywood. Ein Imagewechsel soll ihrer Karriere wieder auf die Sprünge helfen. Mit der Rolle der Saloon-Lady Frenchy in der Western-Parodie *Destry Rides Again* vollzieht sie ihre eigentliche ›Amerikanisierung‹: Aus der unnahbaren, auf

Umgangsformen bedachten Preußin wird auf der Leinwand die handfeste, auch vor Prügeleien nicht zurückschreckende Wildwest-Braut. Der in die USA emigrierte Friedrich Hollaender komponiert ihr auch für diese erneute Verwandlung das Erkennungslied »The Boys In The Backroom«. Bis 1943 variiert sie das neu gewonnene Rollenprofil in vielen weiteren, vergleichsweise belanglosen Filmen.

Im April 1944 meldet sich Marlene Dietrich bei der *United Service Organisation* (USO), einer zivilen Organisation, die amerikanische Künstler zur Truppenunterhaltung an die Fronten des Zweiten Weltkriegs schickte. Ihre Entscheidung, gegen die Heimat ins Feld zu ziehen, kommentiert sie in ihrer Biographie mit den Worten: »Ich war gut informiert und kannte meine Pflicht.«
Ab Mitte 1942 waren ein Sechstel der Mitarbeiter der amerikanischen Filmindustrie (40 000 von 240 000 Beschäftigten) beim Militär. Etwa 1500 Mitglieder männlichen Geschlechts der *Screen Actors Guild* hatten die Uniform angelegt, darunter 49 Stars (Angaben nach Toeplitz). Auch Marlene Dietrich hatte sich bereits seit Anfang 1943 engagiert. Ihre ›Einsätze‹ beschränkten sich zunächst auf Unterhaltungsprogramme und Rundreisen in den USA, die organisiert wurden, um den Krieg zu finanzieren. Die Dietrich verkaufte ›Bonds‹, eine Art Kriegsanleihe, und trat in Nachtlokalen und Rüstungsfabriken auf, wo sie die Belegschaft mit ihren Liedern unterhielt. Außerdem betreute sie in der ›Hollywood Canteen‹ amerikanische Soldaten vor deren Einsatz in Europa und steuerte zu dem Armee-Unterhaltungsfilm *Follow the Boys*, einem Shownummern-Streifen mit Berühmtheiten aus Hollywood und vom

Broadway, zusammen mit Orson Welles ihre Las-Vegas-Zaubernummer bei.

Ab 1944 betreibt sie ihre Entsendung zu den Truppen nach Übersee energisch. Vehement setzt sie sich an oberster Stelle, bei Abe Latsfogel, dem Leiter der USO, für eine Einberufung ein. Zum einen spielten hier ganz eigennützige Motive eine Rolle: Ihre Hollywood-Karriere drohte erneut in einer Sackgasse steckenzubleiben. Außerdem hatte sie herausbekommen, daß ihr Geliebter, Jean Gabin, in Algerien stationiert war. Zum anderen waren die alliierten Luftangriffe auf Berlin im November/Dezember '43 erheblich ausgeweitet worden. Diesen Bombardements, die in knapp zwei Monaten allein in Berlin 27 000 Tote gefordert hatten, waren auch die Mutter und andere Verwandte ausgesetzt. Die einzige Möglichkeit einer Hilfeleistung, zu der sich die prinzipientreue Dietrich geradezu verpflichtet fühlte, bestand nun darin, den Krieg gegen ihre eigenen Leute nach Kräften zu unterstützen, um damit zu deren raschen Befreiung beizutragen. Und noch eines kam hinzu: Zur selben Zeit wurden die Gerüchte über unglaubliche Greueltaten in Massenvernichtungslagern mehr und mehr zur Gewißheit. Einer dieser Orte des Grauens, Bergen-Belsen, war – was die Dietrich laut Angaben ihrer Tochter wußte – zugleich der Aufenthaltsort ihrer Schwester Elisabeth. Erst nach dem Krieg erfuhr sie, daß Elisabeth mit ihrem Mann Georg Will zu einer Hilfstruppe gehört hatte, welche für die Unterhaltung der deutschen Aufseher und Leiter des Konzentrationslagers zuständig war.

Ab Anfang '44 studiert die Dietrich zusammen mit einer Musiker-Truppe unter der Leitung von Danny Thomas, einem jungen Komiker, eine kleine Revue für die amerikanischen Soldaten in Übersee ein. Thomas bringt ihr »den Rhythmus der amerikanischen Komik bei«, der, wie Maria Riva schreibt, »von dem ihres Berliner Humors nicht weit entfernt war, nur strukturierter, aber nicht so schnell und sarkastisch«. Mit einer Mischung aus preußischem Schneid und amerikanischem Schmiß soll die gebürtige Deutsche gegen die Deutschen zu Felde ziehen. Im April '44 trifft die Dietrich in Algier ein, danach ist sie in Italien. Mitte Juni kehrt sie nach Amerika zurück, um ab September '44 ein weiteres Mal aufzubrechen, diesmal über Island und London nach Frankreich, wo sie sich Mitte Oktober General Pattons Dritter Armee anschließt. Eine genaue Rekonstruktion der Stationen der Dietrich im Krieg ist auch wegen der von ihr selbst vorgenommenen Erfindungen und Ausschmückungen zugunsten der Legende kaum mehr exakt möglich. Zwischen dem 16. und 22. Dezember soll sie sich in Bastogne in den Ardennen bei den eingekesselten amerikanischen Truppen befunden haben, wo sie von General Gavins 82. Luftlandedivision gerettet worden sein soll. Ein spektakulärer Fallschirmeinsatz gehört sicherlich in das Reich der Phantasie. Fest steht, daß sie im November/ Dezember '44 mit den amerikanischen Truppen unter Oberbefehlshaber Omar Bradley erstmals wieder deutschen Boden betritt und u.a. in Stolberg, Roetgen und Aachen ist. Mitte Januar und Mitte Februar '45 hält sie sich nachweislich im bereits befreiten Paris auf. Im März/April gelangt sie über Herbitzheim bei Saarbrücken nach Ludwigshafen, Aschaffenburg, Bamberg und Nürnberg. Im Mai/Juni ist sie in Südbayern, wo sie Jean Gabin wiederbegegnet. Am 13. Juli 1945 kehrt Marlene Dietrich in die Vereinigten Staaten zurück.

Im Gegensatz zu den meisten ihrer Hollywood-Kolleginnen, die sich damit begnügten, durch Pin-up-Photos auf die Kampfmoral der Truppen stärkend einzuwirken, folgte Marlene Dietrich als landfahrende Komödiantin den Soldaten der englischen und amerikanischen Armeen auf ihrem Vormarsch. Hinter den Kampflinien nächtigte sie in Zelten, um am nächsten Tag wieder auf Bretter- und Lastwagenbühnen zu stehen. Unzählige Shows absolvierte sie so, zum Teil mehrere am Tag. Auch Frostbeulen und Filzläuse konnten ihrer Einsatzbereitschaft, die sich nicht nur auf künstlerische Darbietungen beschränkte, nichts anhaben, wenn vieles auch nur zu PR-Zwecken inszeniert oder gar erst nachträglich hinzugedichtet war.

Zur Selbstinszenierung gehörte vor allem die von ihr kreierte, jeder offiziellen Kleiderordnung widersprechende Uniform. Die vorschriftsmäßige USO-Montur für Frauen streifte sie schnell ab und hüllte sich statt dessen in »Eisenhower-Jacken mit Ordensbändern und diversen Rangabzeichen, maßgeschneiderte Hosen, Kampfstiefel und GI-Helm« (Maria Riva). Die bereits in Berlin und Hollywood betriebene Geschlechter-Camouflage war im Fall der Dietrich nicht nur ein aufreizend-provokantes Spiel, sondern auch ein existentieller Ausdruck, der – wie bereits erwähnt – noch mit den Erfahrungen ihrer Kindheit und der Vätergeneration aus dem Ersten Weltkrieg in Zusammenhang zu sehen ist. Die Kriegskostümierung bringt ihr Selbstbildnis auf den Punkt: die mit männlicher Willensstärke und den Insignien des unerschrockenen Draufgängers bewaffnete, welterobernde Frau. Nicht in der traditionellen Rolle der Stewardess oder Krankenschwester, zu der sie die USO-Uniform gemacht hätte, zog sie in den Krieg, sondern als *one of the boys,* ein patenter, schlagfertiger Kumpel, der sich auf der Bühne in Sekundenschnelle rückverwandeln konnte in das verführerische Glamour-Girl.

Es schmälert den mutigen und engagierten Einsatz der Dietrich nicht, wenn man feststellt, daß sie noch in die Wirklichkeit eines unerbittlich geführten, auf die zivile Bevölkerung ausgedehnten Vernichtungskrieges ihre preußischen Ideale von soldatischem Glanz, heroischer Siegesgewißheit und »prachtvoller Kameraderie«, wie Carl Zuckmayer einmal über sie sagte, hineinprojizierte. Wahrscheinlich bezog sie Teile ihrer Tapferkeit und ihres Durchstehvermögens aus eben dieser Fiktion wie dem Bild von sich selbst als ›letzter Preußin‹, die aufrecht und bereit zur Selbstaufopferung in die Schlacht zieht. Mit der ihr eigenen Gründlichkeit und der inneren Einstellung eines ›ganz oder gar nicht‹ absolvierte sie auch ihre Kriegsmission; Wehleidigkeit war ihre Sache nicht. Maria Riva erklärt:

> Die Soldatentochter hatte ihr »Zuhause« gefunden. … Sie spielte die Rolle des tapferen Soldaten … und war zudem so berühmt und so schön, daß man auch Notiz davon nahm. … Es war die beste Rolle, die sie jemals spielte. Und es war die Rolle, die sie am meisten liebte und in der sie ihren größten Erfolg feierte. … Die Preußin war in ihrem Element; ihre deutsche Seele nahm mit ihrer ganzen makabren Sentimentalität die Tragödie des Krieges in sich auf und hatte so beides.

Die besondere Mischung aus ›Tragödie‹ und ›Krieg‹ spiegelt sich auch in dem wohl bekanntesten Lied, das Marlene Dietrich während ihrer vielen Auftritte vor angloamerikanischen GIs immer wieder sang: »Lili Marleen«.

Im Rahmen einer Propagandaaktion beschloß das amerikanische *Office of Strategic Services* während des Krieges, eine Anzahl von Dietrich-Liedern auf Schallplatte in Umlauf zu bringen. Darunter befand sich erstmals auch »Lili Marleen«; ab Herbst 1943 hatte sie das Lied in ihr Repertoire aufgenommen.

Textlich und musikalisch handelt es sich um eine schicksalhaft überhöhte Kriegsschnulze: die vom Namen her austauschbare, eigentlich nicht zu identifizierende Soldatenbraut Lili Marleen, die im Laternenschein vor der Kaserne auf ihren Liebsten wartet, der ebendieses Bild seiner Sehnsucht im Feindesland vor Augen hat:

> Aus dem tiefen Raume,
> aus der Erde Grund,
> hebt sich wie im Traume
> Dein verliebter Mund.
> Wenn sich die späten Nebel drehn,
> wer wird bei der Laterne stehn,
> mit Dir, Lili Marleen.

Die seelentriefenden Verse sind schon 1915 von Hans Leip gedichtet und erst 1936 von Norbert Schultze – einem besonders aktiven Parteigänger der Nazis, der u.a. Endsiegschlager wie »Bomben auf England« oder »Panzer rollen in Afrika« komponiert hat – ursprünglich für Lale Andersen vertont worden. »Lili Marleen« avancierte schnell zu einem der bekanntesten deutschen Soldatenlieder und wurde auch als Erkennungsmelodie der deutschen Truppen im Afrikafeldzug und auf dem Vormarsch nach Rußland eingesetzt.

Nach der Niederlage von Stalingrad Anfang Februar 1943 verbot Goebbels das Lied ausgerechnet wegen der zitierten, metaphysisch angehauchten Schlußstrophe als wehrkraftzersetzend. So wurde es gleichsam ›frei‹ für ›die andere

Seite‹; nach der Kapitulation des deutschen Afrikakorps im Mai 1943 konnte es die Dietrich für sich beanspruchen und sang es nun, ebenfalls auf afrikanischem Boden, für die angloamerikanischen Verbände. Über Marlene Dietrichs geschickte Adaption des Liedes ist eine bezeichnende Geschichte überliefert, die Helga Bemmann folgendermaßen nacherzählt:

> Während einer Sendung des englischen Rundfunks unterbrach sie [Marlene] sich einmal und redete auf deutsch weiter: »Jungs, opfert euch nicht. Der Krieg ist doch Scheiße! Hitler ist ein Idiot!« Als sie darauf, ganz impulsiv, »Lili Marleen« auf deutsch zu singen anfing, wurde sie vom Moderator mit dem Hinweis unterbrochen, dies sei eine englische Sendung. Miß Dietrich schwieg darauf einen Moment und wechselte dann auf die englische Version von Tommie Connor über.

Der Wahrheitsgehalt dieser Anekdote soll hier nicht weiter hinterfragt werden; ihre Botschaft ist jedoch eindeutig: Das deutsche Kriegslied, das zum Kampf ermutigen sollte, verwandelt sich zum Protestsong, der zum Widerstand auffordert. Der Sieg über ein Lied wird im Mund der Dietrich zum singend antizipierten Sieg über ein Land. »Lili Marleen« bedeutet für die Dietrich eine Rückeroberung, aber auch die Verteidigung der preußischen Werte und des mißbrauchten friderizianischen Geistes, dem sie weiterhin verbunden bleibt. Aus dieser Verbundenheit erwächst ein Gefühl der Verantwortlichkeit, auch wenn sie unmittelbar keine Schuld trifft. »Ich fühlte mich mitverantwortlich für den Krieg, den Hitler verursacht hatte«, schreibt sie in ihrer Biographie, »Ich wollte mithelfen, diesen Krieg so bald wie möglich zu beenden.« Nicht zuletzt ist »Lili Marleen« für die Dietrich ein Stück Selbstüberwindung, weil der Titel zugleich auch die

Signatur des Namens seiner Interpretin ist: Marleen als Form von Marlene, Lili als Form von Lola oder ›Lily‹, wie sie in *Shanghai Express* hieß. Der Titel wurde nicht in Hinblick auf die Dietrich verfaßt; der geschichtliche Verlauf erst spielt ihn der Dietrich, mehr oder minder zufällig, zu und macht ihn im historischen Augenblick bedeutend. Das Sentimentale des Liedes wird »im Ton versachlichter Romantik« (Helga Bemmann), den sie ihm zu geben verstand, zum wahrhaftigen Ausdruck.

Mitte September 1945 reist Marlene Dietrich in ihre zerstörte Heimatstadt Berlin, um als Entertainerin den Soldaten der Besatzungsarmee die Langeweile zu vertreiben und bei dieser Gelegenheit General Gavin, in den sie sich im Krieg verliebt hatte, zu treffen. Vor allem aber diente der Berlin-Aufenthalt einem Wiedersehen mit ihrer Mutter, die den Krieg überlebt hatte und nur kurze Zeit danach, am 6. November 1945, an Entkräftung starb, sowie der Suche nach der Familie ihres Mannes Rudolf Sieber. Ein längerer, in deutsch abgefaßter Brief an Sieber vom 27. September berichtet über die diesbezüglichen Bemühungen wie über ihre Eindrücke aus dem zerbombten Berlin:

> Mein Liebster,
> manchmal ist das Leben sogar für mich zu schwer! Sollte heute früh die Order haben für Thüringen von den Russen und bekam sie nicht. Jetzt bin ich nach Hause (wieviel »Zuhause« ich schon gehabt habe; momentan ist es Klopstockstraße 15A in Zehlendorf West) gefahren und muß warten, ob um 3 p.m. die Order kommen, um morgen ganz früh loszufahren! Zeit gegen Menschenleben! Ich hätte nurse werden sollen. Da braucht man nie zu erklären warum man Menschen helfen will – ganz gleich welcher Nation. Ich halte die Daumen, daß es morgen klappt.

Weißt Du, wie ich immer wußte, daß eines Tages ich mir die
Augen ausweinen würde, weil ich nicht russisch spreche? So
stehe ich da und versuche all mein Bitten in meine Augen zu
legen und fühle doch, daß die, durch den Film zu oft prostitu-
iert, vielleicht nicht sagen können, wie mein Herz es meint.
Meine Mutter hatte sofort geantwortet auf Deiner Eltern Kar-
te vom 23. August, daß sie zu ihr kommen können, was bis zum
30. noch erlaubt sein soll. Ich hoffe nur, sie haben sie schon. Sie
sind seit dem 6. August in dem Flüchtlingslager. Alle, die bei
Abstimmung – weiß nicht in welchem Jahr das war – für
Deutschland und nicht für das Protektorat gestimmt haben
sind in zehn Minuten aus den Häusern geworfen worden, und
sie haben außerdem ihren Koffer verloren. Meine Mutter, die
ein Fräulein Hering bei sich hat, macht das Zimmer frei, wenn
sie kommen.

Papilein – wie traurig die Welt ist. Unser Haus 54 steht noch,
und trotzdem Schüsse das Haus beschädigt haben, sind rote
Geranien auf unserem Balkon. Nr. 135 hat nur noch Mauern,
ist ganz ausgebrannt, der Balkon hängt herunter, und Mutti
hat tagelang in den Trümmern gesucht, und nur oben drauf in
Schutt und Asche lag die Bronze-Maske von meinem Gesicht –
unversehrt! Da hat sie dann lange gesessen und geweint. Ich
nehme ihr alles zu essen mit, was ich sehe, habe schon seit
ich hier bin nur Brot gegessen und sehe aus wie ein altes
Suppenhuhn mit gewrinckeltem Hals. Sah Hupsi [Hubert von
Meyerinck] gestern und Resi, die ich bei den Amerikanern als
Housekeeper einstellen werde. Alle unsere Bekannten sind in
Wien. Heinrich *George*, (großer Nazi), schippt bei den Russen
Kohlen! Die Dreigroschenoper mit Kate Kühl und Hupsi spielt.
Da ich 2 shows pro Tag habe, kann ich nicht hingehen. Bender
ist offen, Femina, Theater am Nollendorfplatz »Meine Schwe-
ster und ich«. Die Kaiser-Wilhelm-Gedächtniskirche ist zer-
stört. Bahnhof Zoo, Tauentzienstr, Joachimsthaler – alles in
Schutt und Asche. Friedenau, und hier draußen steht fast
alles. Das Geschäft [der Felsings, Großeltern der Dietrich] steht
noch. Die Russen stahlen alle Uhren, schweißten das Safe 5

Tage lang auf. Mutti repariert jetzt Uhren, und meine alten Glasketten liegen im Fenster. – Die große Uhr ist weg, und sie hat eine Holzuhr gemalt! Claire Waldoff, die nicht auftreten durfte bei den Nazis, ist noch in Reichenhall, hat hier keine Wohnung mehr. Es donnert dauernd, wie Krieg, das sind die Sprengungen, um die Häuserruinen umzulegen. Habe mich noch nicht getraut, zu meiner Schule in der Nürnberger Straße zu gehen. Ich kann noch die schwere Tür fühlen, die ich mit dem Rücken aufschob, weil ich zu klein war, die Klinke zu faßen. Und ich besinne mich, wie traurig ich damals war und in mir dabei immer sang: Es ist bestimmt in Gottes Rat, daß man vom Liebsten was man hat muß scheiden. Man ist ja sowieso traurig genug um seine Jugendzeit, wenn man alles wieder-sieht – nur so es wiederzusehen ist viel zu schlimm. Die Ber-liner lieben mich, bringen mir von Bildern bis ihre Ration Heringe. Die Sprache klingt vertraut, wenn ich durch die Straßen gehe, und die Kinder spielen Himmel und Hölle auf dem zer-brochenen Pflaster. Das Marmor-Haus steht und spielt, da es im englischen Sektor ist, Rembrandt Charles Laughton. Mein Herz, ich hoffe, daß wenn Du den Brief liest, daß Du dann schon gute Nachricht by cable von mir hast. Ich scheu vor nichts zurück (sag das nicht dem Jean [Gabin]!), um Deine Eltern zu holen.
In Liebe Deine Mutti

Die in der unmittelbaren Konfrontation mit den zerstörten Plätzen der Berliner Kindheit noch einmal wehmütig zu-standegebrachte Identifikation von Ort und Person weicht in der Distanz der Skepsis. Nur wenige Monate später, am 10. Februar '46 – Marlene hält sich zu Dreharbeiten für den Film *Martin Roumagnac* (mit Jean Gabin) in Paris auf –, schreibt sie an ihre Tochter:

Mein Engel, ich bin so deprimiert, ich kann nicht mal mehr lachen. Ich habe die letzten verstreuten Reste meines Humors verloren … Das Europa, das ich so geliebt habe, ist zu einer

44

vagen Erinnerung zusammengeschrumpft. Ich sehne mich noch nach ihm, vergesse, daß ich hier bin, und dann begreife ich, daß es wohl ebenfalls für immer verschwunden ist.

Der resignative Blick wird künftig zur Grundlage im Selbstverständnis der Künstlerin Dietrich, die sich nun als Heimatlose und ›preußisches Relikt‹ begreift. Auf dem Boden der Entwurzelung zelebriert sie jetzt eine neue Unabhängigkeit, die als symbolische Existenzform mit dem Begriff ›aufgeklärter Absolutismus‹ umschrieben werden könnte – das Modeschlagwort Preußens unter der Regentschaft Friedrichs II. nur nicht als staatliches Herrschaftsprinzip verstanden, sondern, ins Individuelle gekehrt, als Maxime der persönlichen Lebensführung: Absolutismus im Sinne unumschränkter Selbstbestimmung, Aufklärung im Sinne eines ›abgeklärten‹, nüchternen, klar disponierenden Blicks. Der Akzent der Künstlerin Dietrich verschiebt sich in den fünfziger Jahren weg vom Film, hin zu einer zweiten Karriere als Chansonsängerin, für die sie mit ihrem Unterhaltungsprogramm an der Front bereits den Grundstein gelegt hatte. Ihre Bühnenauftritte, die sie 20 Jahre in kaum veränderter Form überall in der Welt absolviert, sind Ausdruck ihrer inneren Haltung. Der ›aufgeklärte Absolutismus‹ findet seine adäquate ästhetische Form in ihrer *one-woman-show* als »Diseuse«, wie sie sich selbst nannte. Kerzengerade wie ein Zinnsoldat steht sie auf der leeren Bühne, regiert das Publikum mit ihren messerscharfen Blicken und ihrem unter die Haut gehenden, raunenden Sprechgesang. Das bekannte, über und über mit Straßkettchen besetzte »Tasselkleid« mag hier auch an das Kettenhemd einer Rüstung erinnern, eine Art Panzeruniform, die

Selbstschutz und Selbstexponierung, Abwehr und Anziehung zugleich signalisiert. Eben diese Ausstrahlung im Verbund mit einer in Gestik und Stimmschattierung bis auf den Punkt zugespitzten Perfektion macht jetzt einen Teil ihrer erotischen Präsenz aus. Mit seiner Hommage an Marlene Dietrich gibt Ernest Hemingway 1952 unbewußt auch eine Definition dessen, was an ihr als ›aufgeklärter Absolutismus‹ wirkte:

> Sie ist tapfer, schön, loyal, liebenswürdig und großzügig. Langweilig ist sie nie. … Marlene stellt ihre eigenen Lebensregeln auf, doch der Maßstab, den sie sich in den Beziehungen zu ihren Mitmenschen auferlegt, ist nicht weniger streng als derjenige der ursprünglichen zehn Gebote. Das ist es wahrscheinlich, was sie geheimnisvoll macht: daß eine so schöne und begabte Frau, die tun kann, was sie will, nur tut, was sie für richtig hält, und daß sie so klug und mutig war, die Regeln aufzustellen, die sie befolgt.

Eine Photographie der 60jährigen Marlene Dietrich – entstanden zum Film *Judgement of Nuremberg* – zeigt das beinahe alterslose, sphinxhaft gehärtete Gesicht der Dietrich als jene »Legendengestalt«, von der der Kulturgeschichtler Egon Friedell im Hinblick auf Friedrich II. behauptet hat, durch sie wirke die »rätselhafte … Ausstrahlung einer überweltlichen anonymen Kraft« hindurch. Diese geheimnisvolle Essenz der Gestalt ist im Bild eng mit den Insignien preußischer Strenge verbunden: die hochgeschlossene Rüschenbluse, die auftoupierten Haare, die aufrechte Haltung. Friedell definiert den »Künstler von echt preußischem Wuchs und Geist«: Er sei »schlicht und herb und doch von einer verschleierten Gemütswärme und strengen Anmut«. Diese Züge sehen den Betrachter auf dem besagten Photo durch den verhangenen und zugleich unerschütterlichen, kompromißlos fordernden Blick der Dietrich hindurch an. Im Film spielt sie die stolze, aufrichtige, selbst in der Demütigung herrische Offizierswitwe Berthold, die dem US-Publikum wohl als Urbild einer Deutschen alter Schule vorgeführt werden sollte. Ihrem Gegenspieler, dem amerikanischen Richter Haywood (Spencer Tracy), trägt sie noch einmal die Grundsätze ihrer Erziehung und die Leitlinien ihres Selbstverständnisses vor: »Ich bin nicht zerbrechlich. Mein Vater war Offizier. Und was das bedeutet, wissen Sie sicher. Es bedeutet, ich habe Disziplin gelernt, unerbittliche Disziplin. Als ich ein Kind war, pflegten meine Eltern mich bei ihren Ausflügen aufs Land mitzunehmen. Aber es wurde mir nicht erlaubt, mit anderen Kindern zusammen zum Limonadenstand zu laufen. Bezwinge deinen Durst, bezwinge deinen Hunger, beherrsche deine Gefühle. Das half mir später.«

Im Film setzt sie sich für ein standesgemäßes Begräbnis ihres Mannes ein und beruft sich dabei nicht auf den Hitlersoldaten, sondern auf die preußische Offiziersehre, für die ihr Mann in der Wehrmacht gestanden habe. Wie schon in *A Foreign Affair* fallen genau an diesem Punkt auch in *Judgement of Nuremberg* das ästhetische Bild der Preußin, das Marlene Dietrich verkörpert, und die politische Meinung, die sie in der Rolle zu vertreten hatte, offenkundig auseinander (»Wir müssen vergessen«, beschwört sie den Richter Haywood alias Spencer Tracy); im Leben wäre sie dazu nicht bereit gewesen. Während ihres Deutschlandbesuchs im Mai 1960 läßt sie öffentlich wissen, daß sie dem Kollegen Heinz Rühmann, der 1928 zusammen mit ihr in der Komödie des Deutschen Theaters Berlin George Bernhard Shaws Stück »Eltern und Kinder« gespielt hatte, nicht die Hand reichen wolle, weil er sich dem Hitler-Regime bis zu dessen Ende bereitwillig zur Verfügung gestellt habe. Ihre Hand reichte sie dagegen einer Berlinerin, die ihr statt einer Aufforderung zum Vergessen mit den Worten »Na, dann woll'n wir uns mal wieder vertragen« gegenübertrat.

Als Marlene Dietrich 1960 zu der besagten Konzertreise in Deutschland eintrifft, wird die eklatante Kluft zwischen der letzten Preußin und der jungen Bundesrepublik deutlich. Eine unabhängige, erotisch freizügige, nur ihren eigenen Prinzipien gehorchende Frau trifft auf ein in Verdrängung, verbiesterter Wirtschaftswunderwut und spießbürgerlicher Wohlanständigkeit erstarrendes Volk. Gegen ihre Begriffe von Aufrichtigkeit und Anstand hat das neue Deutschland lediglich den materiellen Wohlstand zu setzen. In Marlene Dietrichs glamouröser Erscheinung wurde der Nachkriegsgesellschaft vor Augen geführt, was sie im Durchgang durch die amerikanische *reeducation* als Preis für die blinde Gefolgschaft Hitlers eingebüßt hatte: Nicht ›aufgeklärter Absolutismus‹ prägte nunmehr das Erscheinungsbild Deutschlands, sondern ›verordneter Biedersinn‹.

Auf diese Bewußtwerdung reagierten viele mit Haß und Mißgunst. Die vor dem Titania-Palast hochgehaltenen Plakate von protestierenden Berlinern mit der Aufschrift »Marlene go home!« entbehrten dabei nicht einer gewissen Doppelbödigkeit. Die Dietrich war ja tatsächlich ›nach Hause gegangen‹, nach Berlin, das sie jetzt allerdings als »Vaterlandsverräterin« ausstieß. Mit einer Person, die die Deutschen in der Phase des Wiederaufschwungs an ihre schmachvolle Niederlage und ihre verbrecherische jüngste Vergangenheit erinnerte, wollte die deutsche Öffentlichkeit zu diesem Zeitpunkt nicht konfrontiert werden. In Düsseldorf wurde sie auf offener Straße angespuckt. Jean Améry erklärt:

> *Der* große Irrtum ihrer künstlerischen und politischen Existenz war die Deutschland-Tournee im Jahre 1960, die zu einem Desaster für sie und zu einem unfreiwillig schmählichen Selbstbekenntnis der deutschen Öffentlichkeit wurde. Sie kam, wie sie meinte, als Triumphator heim – und als Repräsentantin des Landes, dem die zweite deutsche Republik ihre Freiheit und Sicherheit verdankte. Was sie nicht bedacht hatte und was keinem Exil-Deutschen, einschließlich jener Schriftsteller, die sich als Remigranten die Rollen der Praeceptores Germaniae zutrauten oder anmaßten, in den Sinn wollte, das war die völlig unerwartete Selbstsicherheit der Bundesbürger und der Westberliner. Wie sich Verdienst und Glück verketteten, das hatte ihr nicht eingeleuchtet. Mit dem wirtschaftlichen Aufstieg Deutschlands hatte das Volk dieses Landes auch sein ganzes gutes Gewissen wiedergewonnen.

Gleichgesinnte findet die Dietrich u.a. in Willy Brandt – damals Regierender Bürgermeister von Berlin –, der 1933 emigriert und bis 1947 norwegischer Staatsbürger gewesen war. Während ihrer Deutschland-Tournee kommt es zu einer Begegnung, bei der sie sich ins Goldene Buch der Stadt einträgt. Brandt vertrat eine weltoffene deutsche Republik, die sich einem engstirnigen Nationalismus verweigerte, ohne deshalb geschichtslos zu wirken. Dem Gebot der preußischen Toleranz folgte er mit einer immer auf das Machbare gerichteten Integrations- und Entspannungspolitik, im Inneren ebenso wie in seiner Ostpolitik. Die Ausstrahlung einer intellektuellen Redlichkeit und sein nüchterner Charme nahmen – wie viele andere Künstler – auch Marlene Dietrich für Brandt ein, boten Anknüpfungspunkte an den eigenen biographischen Hintergrund wie die innere Haltung der ›letzten Preußin‹. »Jahrelang«, so wird die Dietrich von Heli Ihlefeld zitiert, »habe ich ein Symbol in Deutschland gesucht, an das ich mich klammern kann. Jetzt kann ich mich an Willy Brandt halten.«

Obschon ohne Auftrag von offizieller Stelle, war Marlene Dietrich dennoch als gleichsam selbsternannte Botschafterin Berlins mit ihrer *one-woman-show* über 20 Jahre lang in aller Welt unterwegs: Ihre Konzerte führten bis nach Australien und Südamerika, Skandinavien, Warschau, Moskau und Leningrad, aber auch nach Israel, wo sie 1960 und '66 ihr Programm zum Teil in deutscher Sprache absolvierte. Mit ihren Auftritten löste sie ein, was Franz Hessel schon 1931 über ihren Liedvortrag erklärt hatte:

> Marlene Dietrich hat etwas Berlinischem Weltgeltung gegeben. Bei ihr klingt auch das heimische Patois, allerdings nur leise angedeutet, mit an. Es wird nicht unterstrichen, nicht Thema wie in dem Vortrag der in ihrer Art genialen Claire Waldoff, dessen Reize Nicht-Berlinern oder gar Ausländern nur zum Teil zugänglich sind. Durch Marlene Dietrich bekommt auch das Spezielle seine allgemeine Wirkung. Die Pariser und New Yorker verstehn, was sie berlinisch singt.

Ihre letzte Platteneinspielung – 1965 mit dem Orchester Paul Grund – ist eine Sammlung aus neun Altberliner Liedern, komponiert u.a. von Walter Kollo, die die Dietrich bereits in ihrer Kindheit gehört hat, deren Hintersinn sie sich zu eigen gemacht und in ihrer Weltkarriere gleichsam eingelöst hat:

> Nach meine Beene is ja ganz Berlin varrückt,
> mit meine Beene hab' ich manches Herz jeknickt,
> und zeig' ich meine Beene voller Inteljenz,
> da schlag' ich aus dem Felde jede Konkurrenz.

Noch einmal bricht in den Liedern mit aller Deutlichkeit der preußische Einschlag hervor: die mit Spott überzogene Rührung, die mit Melancholie unterlegte Anstößigkeit, der witzig-direkte, salopp-charmante Tonfall im Vortrag der Dietrich.

Streng genommen markiert diese Einspielung den Schlußpunkt ihrer künstlerischen Laufbahn. Der unaufhaltsam fortschreitende körperliche Verfall, verbunden mit Alkohol- und Tablettenkonsum, läßt die immense Anstrengung, die hinter der hart erarbeiteten Leichtigkeit einer jeden Geste und Stimmschattierung steckt, immer mehr hindurchfühlen. »Sie bekam ihren ›Soldatenblick‹«, erklärt die Tochter: »Sie konnte immer ihre Arbeitsdisziplin aus ihrer Kindheit aktivieren. Selbst als sie krank und völlig am Ende war, hielt die harte Schule des Varieté sie aufrecht.«

Der ›preußische Soldat‹ als zum Schluß ›abgetakelter‹ Varietékünstler: Erst 1975, nach einem zweiten Sturz von der Bühnenrampe in Sydney, beendet die Dietrich ihre Karriere endgültig. Bis zu ihrem Tod 1992 lebt sie zurückgezogen und vereinsamt in ihrem Pariser Appartement. Doch auch in dieser selbstauferlegten Gefangenschaft, die das Bild einer unvergänglichen Schönheit in der Öffentlichkeit bewahren soll, ist sie unbeirrbar konsequent und bis zum bitteren Ende tapfer. Nach Deutschland, selbst in das seit 1989 wiedervereinte, will sie nicht zurückkehren, sei es auch nur für einen Inkognito-Besuch, wie ihn ihr die Tochter noch schmackhaft zu machen versucht. In bezug auf ihr Heimatland steht sie bis zuletzt in einem tragischen Zwiespalt, der daraus resultiert, daß sie und viele andere Künstler ihrer Generation Améry zufolge »beides waren: Landsleute der Deutschen, gefesselt an dieses Deutschland durch alle erdenklichen emotionalen Bindungen – und dennoch die Überwinder Deutschlands und unumgänglicherweise auch guten Hasser«.

Nur in der Verweigerungshaltung scheint ein Bekenntnis zu Deutschland, sozusagen als negative Hohlform, noch wahrhaftig und glaubhaft vertretbar. Patriotismus in diesem Sinne ist ein Stück Trauerarbeit. Klaus-Jürgen Sembach erklärt diese Trauerarbeit mit einer wörtlichen Interpretation des Begriffs »Leidenschaft« als Bereitschaft zum Leiden. »... ich meine«, so Sembach, »ein wahrer Patriot ist jemand, der sichtbar an seinem Vaterland leidet ... Damit ist im Kern der Fall Marlene Dietrich erklärt ... Man kann auch sagen, daß er in seiner bedingungslosen Aufrichtigkeit auffallend preußisch ist.«

Den Nachlaß Marlene Dietrichs erwarb das Land Berlin mit Hilfe von Lotto-Geldern. Er wird treuhänderisch von der ›Stiftung Deutsche Kinemathek‹ verwaltet, einer der ›Stiftung Preußischer Kulturbesitz‹ vergleichbaren Einrichtung. Nach der Auflösung Preußens als staatsrechtliches, reales Gebilde existiert auch das Erbe der ›letzten Preußin‹ nur noch als geistiger Anspruch, als symbolisch-museales Gut.

Der Umgang mit diesem Erbe ist, wie sich in der jüngsten Vergangenheit gezeigt hat, nicht einfach. Noch die Überführung ihres Sarges nach Deutschland und ihr Begräbnis auf dem Friedenauer Friedhof war von Peinlichkeiten begleitet: Eine Trauerfeier – von Berlins damaligem Kultursenator Ulrich Roloff-Momin geplant – wurde in letzter Minute abgesagt; es fanden sich Berliner ein, die gegen ihre Bestattung in Berlin protestierten. Das Grab der Ehrenbürgerin

Dietrich steht für die nächsten 20 Jahre unter Denkmalschutz und wird von der Stadt gepflegt. Zweimal ist es bereits geschändet worden. Der kleinkarierte, von Ressentiments geprägte Streit um die Benennung einer Straße in ihrem Geburtsstadtteil Schöneberg zog sich bis 1997.

Ab Juli 2000 wird ein Museum im Sony-Center am Potsdamer Platz den umfangreichen Nachlaß der Dietrich ausstellen. Vor dem Daimler-Benz-Komplex wurde ein Platz mit einem postmodern-synthetischen Bauensemble auf ihren Namen getauft. Marlene Dietrich allerdings gehört einer Epoche an, die mit der Eliminierung Preußens 1947 endgültig versunken ist. Als Aushängeschild für die wiedervereinte Metropole und die aus dem Boden gestampfte Architektur einer Handvoll Großkonzerne im Stadtzentrum ist sie schon deshalb nur schwer instrumentalisierbar.

Der andenkende Nachvollzug müßte sich auf die Suche nach einer unwiederbringlich verlorenen Zeit machen, die sich jeder Indienstnahme enthalten sollte. Der fast lückenlose Nachlaß der Dietrich bietet in Verbindung mit den zahlreichen Filmen, Photos und Schallplattenaufnahmen die Chance, etwas von dem zu begreifen, was – ästhetisch wie kulturgeschichtlich – ihre ›Aura‹ ausmacht, und zwar im buchstäblichen Sinne des Wortes, der von Walter Benjamin einmal als »einmalige Erscheinung einer Ferne, so nah sie sein mag«, umschrieben worden ist. Jenseits aller Nostalgie hat die Reflexion über die Person Marlene Dietrich letztlich ihren Ort im Imaginären, auf den auch Benjamins Definition von ›Aura‹ zielt. Dort allein kann das Bild der ›letzten Preußin‹ eine ›zeitlose‹ Wirkung entfalten und seine Einzigartigkeit bewahren.

Quellen:

zu Marlene Dietrich (siehe auch Literaturhinweise S. 139)

Jean Cocteau: Hommage an Marlene, vorgetragen durch Jean Marais beim »Bal de la Mer« in Monte Carlo am 17. August 1954, in: Kino und Poesie, München 1979

Ernest Hemingway: A Tribute to Mamma from Papa Hemingway, in: Life, New York, 18. August 1952

Heli Ihlefeld: Anekdoten um Willy Brandt, München 1968, S. 31

Alfred Kerr: Marlene – an der Seine, in: Das neue Tagebuch, Paris/Amsterdam, 1. Jg., Nr. 11, 9. September 1933

Jerzy Toeplitz: Geschichte des Films, Berlin 1992 [1927]

Georg A. Weth: Liebe mich im Paradies, München 1992

zu Preußen

Marion Gräfin Dönhoff: Kindheit in Ostpreußen, Berlin 1988

Hans Dollinger: Preußen, München 1980

E. J. Feuchtwanger: Preußen. Mythos und Realität, Frankfurt am Main 1978

Egon Friedell: Kulturgeschichte der Neuzeit, München 1989

Heinz Kathe: Preußen zwischen Mars und Musen, Berlin 1993

Christian Graf von Krockow: Preußen. Eine Bilanz, Stuttgart 1992

Horst Krüger: Tiefer deutscher Traum, Hamburg 1983

Thomas Mann: Bruder Hitler, in: Essays, hrsg. von Hermann Kurzke, Frankfurt am Main 1995, Bd. 4

Hans Pleschinski (Hg.), Aus dem Briefwechsel Voltaire - Friedrich der Große, Zürich 1992

Oswald Spengler: Preußentum und Sozialismus, München 1920

Rudolf von Thadden: Fragen zu Preußen. Zur Geschichte eines aufgehobenen Staates, München 1981

Bilder

Das Kind Marie Magdalene

Ballettübung auf dem Dach, etwa 1920

Hochzeit mit Rudolf Sieber, Mai 1923

Mit Tochter Maria, ca. 1930

Lola Lola mit Puppe in der Garderobe ...

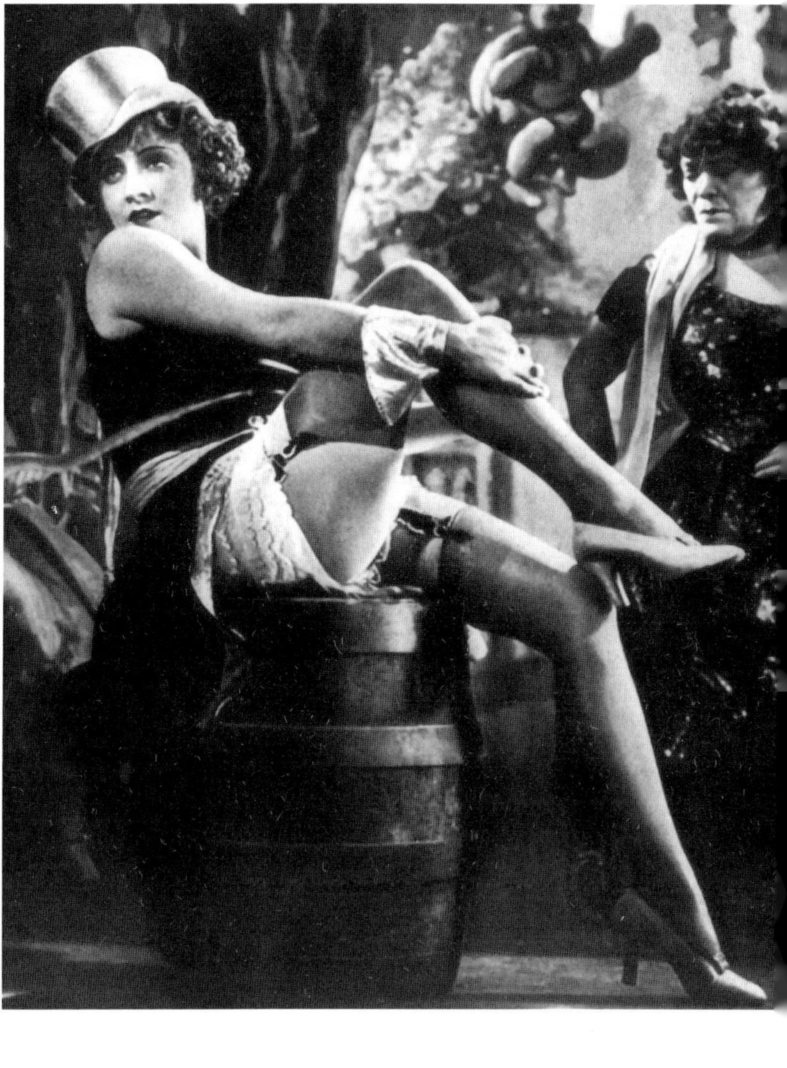

… und »von Kopf bis Fuß auf Liebe eingestellt«, 1929

Der Schöpfer ...

Meiner Schöpfer
von seinem Geschöpf
Marlene

ai
1931

... und sein Geschöpf   63

Mit Erich Maria Remarque bei der Premiere
von »Pinocchio«, Hollywood 1940

Mit Tochter, Ehemann und Josef von Sternberg
vor ihrem Haus in Hollywood, 1931

»Morocco«, 1930

»Shanghai Express«, 1932

»Destry Rides Again«, 1939

Marlene als »one of the boys«, 1944

Unterstützung der Truppen zu Lande …

… und in der Luft, Italien '44 und Frankreich '45 **71**

Mit Jean Gabin 1944 in New York

Mit Ernest Hemingway auf Reisen

Die Zaubernummer mit Orson Welles
in »Follow the Boys«, 1944

Mit Friedrich Hollaender am Klavier
in »A Foreign Affair«, 1948

Bei einer Pressekonferenz im Hotel Hilton, Berlin 1960

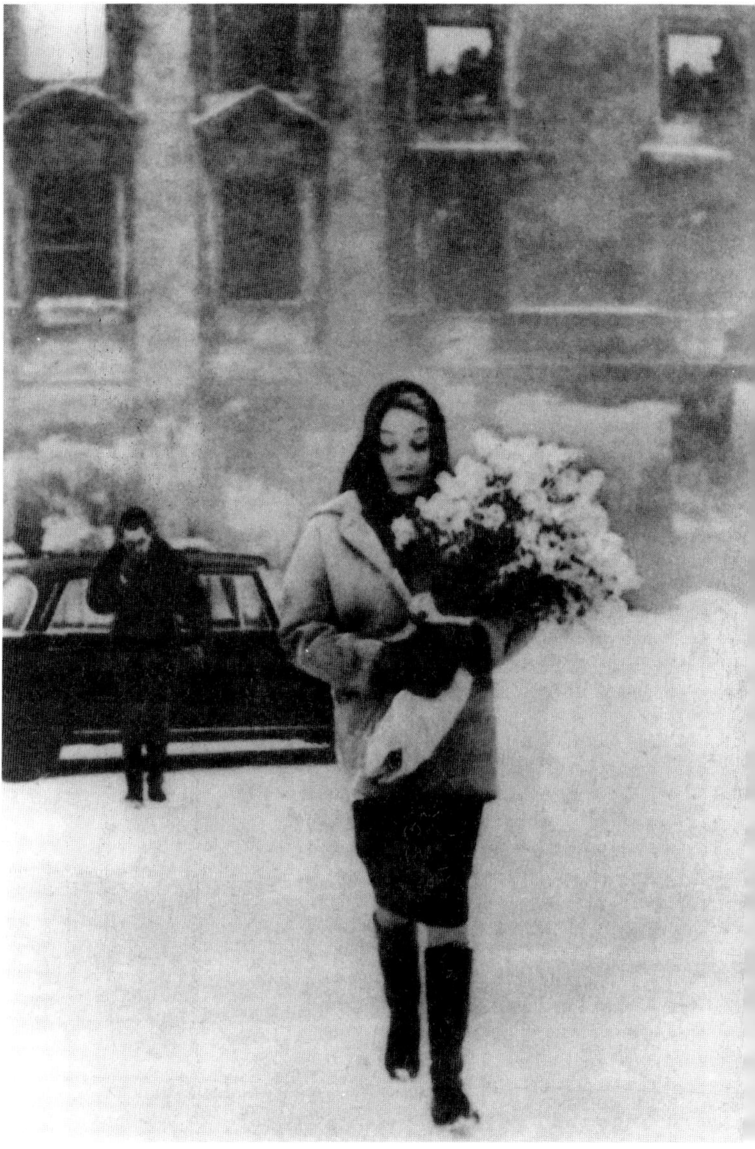

Auf dem Weg zum Ghetto-Denkmal, Warschau 1964

Auf der Bühne triumphierend ...

... und dem Publikum ergeben

Stimmen

»Hinreißend ordinär«

Der Schriftsteller Kurt Pinthus verfaßte 1930 für die Zeitschrift »Das Tagebuch« folgende Filmkritik:

Dieser bisher kostspieligste Tonfilm der Ufa-Produktion (Erich Pommers) ist zweifellos von allen bisher in Deutschland gefertigten der künstlerisch wertvollste und zukunftsträchtigste. Manuskriptlich gefertigt von den Dichtern, in diesem Fall Um- und Nachdichtern: Zuckmayer und Vollmoeller und dem Praktiker Liebmann; realisiert von dem sonst in Hollywood arbeitenden Regisseur Sternberg, bekannt in aller Welt durch die kraftstrotzende Bewegtheit seines stummen Films *Unterwelt*.

Heinrich Manns »Professor Unrat« ist von den Umdichtern ummontiert worden. Aus dem harten, hämischen, noch in der Verkommenheit nichts als Vernichtung der anderen wollenden Tyrannen ist ein durch Lieblosigkeit des Lebens Vereinsamter geworden, der, nun durch Liebe zu einer Unwürdigen aufgebrochen, in noch armseligere Einsamkeit versinkt. Kampf zwischen Lehrer und Schülern wird jetzt zum Kampf des Sonderlings gegen die Lächerlichkeit, die ihn tötet, wie er, nach jahrelangem Absinken, als Clown im Tingeltangel vor seine einstigen Mitbürger und Schüler tritt. Aber – das Manuskript des Tonfilms muß kritischer betrachtet werden als das des stummen –: zu wenig werden die Stufen gezeigt, über die er allmählich ins Dunkel hinabsteigt... und bevor er stirbt, tappt er nächtens, noch dazu aufdringlich in stummer Technik, erst noch in seine alte Schule, um auf dem Katheder festgekrallt zu krepieren.

Diese Lücke, dieser Schluß ist alter Kintopp, altes Theater. Während sonst, und darauf kommt es an, sich endlich *Der Blaue Engel* vom stummen Film gleicherweise wie vom Theater entfernt. Noch nie bisher sah man so deutlich, wie der Tonfilm sich zu eigener Gattung entwickeln kann, in manchem durch Kombinierung oder Kontrastierung der Mittel von Theater und Film über Theater und Film hinaus. Etwa: die allmähliche Verführung des pedantischen Professors in der Tingeltangelgarderobe, die im Theater mit einer, vielleicht mit zwei Szenen dargestellt werden muß, läßt sich hier in viele, durch viele Zwischenbilder aus anderem Milieu unterbrochene Szenen, fast episch und deshalb viel glaubhafter als auf der Bühne zerlegen. – Die Hochzeitsfeier im Artistenkreis wäre als Theaterspiel ein Genrebild, in dem jede Type durch Dialog langsam gesondert charakterisiert werden müßte, während wir hier durch Nahaufnahme der bewegten Gruppe jeden einzelnen und alle zusammen sofort ganz deutlich, weil unmittelbar herangerückt, erkennen... ein paar belebende Sätze dazu, – und die Dreiminutenszene wirkt mindestens so einprägsam wie die ausführliche Szene auf der Bühne. – Der Professor demütigt sich vor der Chanteuse, sie sagt nur fast stimmlos: »Na ja!«; aber dieser, nach stummem Spiel, einzige, allessagende Sprechton hätte im Bühnendialog durch viele Sätze, im stummen Film durch viele Gesten ersetzt werden müssen, um den Komplex weiblicher Gefühle: Triumph, Mitleid, Gleichgültigkeit, Stumpfheit, zu verdeutlichen. Auch ein Tonfilmdialog bildet sich heraus, in dem bereits nicht mehr etwas gesagt wird, um zu zeigen, daß etwas gesagt werden kann, sondern in dem wirklich, in jedem knappen Satz, etwas Charakterisierendes oder Handlungweitertreibendes gesagt werden muß.

Hier wäre auch über den rapiden Fortschritt der deutschen Aufnahmetechnik preisend zu reden: wie vielfältig sich bereits der Ton schattieren läßt; wie virtuos er überblendet oder, stimmungangebend, Sekunden früher aufblendet als das Bild; wie wirkungsvoll stumme Augenblicke oder Augen-Blicke und Sprechsätze oder Geräusche sich gegenseitig steigern. Aber das Technische im Film soll sich, wie das Moralische im Leben, von selbst verstehen (deshalb wird das Technische im Film gerade wie das Moralische im Leben so selten in Vollendung gefunden). Die Technik des Tonfilms kann nur aus der bastelnden Praxis heraus geboren werden, ebenso wie sich die Dramaturgie des Tonfilms aus dieser bastelnden Praxis, nicht aus prinzipieller Theorie, gebiert. Und es ist zu fürchten, daß hier die Technik früher ans Ziel gelangt als die Dramaturgie, wenn man die Dichter nicht dauernd im Aufnahmeraum studieren läßt. Denn für den Tonfilm noch viel wichtiger als für den stummen Film ist der Manuskript-Dichter (welcher vor fast zwanzig Jahren von mir im »Kinobuch« mit einem Dutzend Filmversuchen junger Dichter zuerst gefordert wurde).

Mit dem Tonfilm *Der Blaue Engel* rückt also die deutsche Produktion, nach den in ihrer Starrheit so filmfremd albernen Liederbildern und nach den soldatischen Tonfilmen aus Ungar- und anderem Operettenland, in die Weltproduktion ein durch technische wie – oder klingt's noch lächerlich? – durch geistige Qualität, nämlich der Motive, Menschenschilderung, Milieuzeichnung. Nicht zum wenigsten, in diesem glückhaften Versuch, auch durch unsern Emil Jan-

nings, der hier als Gesamtfigur und mit tausend Einzelzügen von unglaubhaft glaubhafter Charakterisierungskunst
sich erweist, besonders im Erwachen, in Übergängen tragigrotesker Gefühle, – nur manchmal noch spielt er so dick
und so lang wie während seines amerikanischen Gastspiels.
Und durch die bislang fast unbekannte Marlene Dietrich,
die, auf hohen Schenkeln, blöd schön und schön blöd, auf
der Brettlbühne und in diesem Tonfilm steht, stimmlich
zwar noch nicht klar genug, aber hinreißend ordinär in der
Passivität ihres sex appeals und im Umkippen der hohen
Gesangstöne in kehlhaft tiefe Abgründe.

Sanfte Erotik

In ihrer 1930 erschienenen Studie »Liebe im Film« gehen Max Brod und Rudolf Thomas auch auf den neuen Star ein.

Unschuldig wie ein Raubtier ist Marlene Dietrich in dem Film *Der Blaue Engel,* der sie mit einem Schlage zum Hollywooder Star und zur berühmtesten deutschen Filmschauspielerin gemacht hat. Ihre Erotik ist nicht so intellektuell wie die der Nielsen, aber sie wirkt ebenso durch Kindlichkeit und Naivität. Wie sie Heinrich Manns Professor »Unrat« seiner mühseligen Disziplin beraubt und ins Verderben treibt, ohne je zu zeigen, daß sie sich dessen bewußt ist, wie sie mit holdem Lächeln und unschuldsvollem Antlitz das Grauen mitansieht und im Grunde eine gutmütige Person bleibt, das wirkt aufstachelnder als alles, was bisher im Film zu sehen war. Allerdings weiß die Dietrich oder ihr Regisseur Sternberg, daß diese Sanftmut erst dann so richtig Männer und Frauen bezaubert, wenn auch die Stimme aus tieferen Bezirken zu kommen scheint, als es Stimmband oder Mund ist. Zu allem leistet die raffinierte Bekleidung Hilfsdienste der Betörung: Schwarze Strümpfe, weiße Dessous und dazwischen ein Stückchen Haut, so matt sich abhebend, daß der Zensor nichts sagen kann, aber auch dem Zuschauer die Stimme versagt. *Der Blaue Engel* als Janningsfilm bleibt doch nur ein Film der Dietrich, die zum ersten Mal zeigt, daß es vielleicht nicht erstrebenswert, aber sicher ganz unterhaltend ist, an einem solchen Vamp zugrunde zu gehen.

Wie der Ausdruck persönlicher Liebe, der dem Film nur so selten zur Verfügung steht, darf allerdings auch die Erotik, trotz ihrer scheinbar immer bereiten Wirkung, nicht allzu deutlich werden, wenn sie wirken soll. Marlene Dietrich weiß das sehr genau. Wenn sie im Reitsitz auf dem Sessel sitzt, so ist das ein aufreizenderer, wilderer Aufruf der Sinne als die deutlichste Intimität. Der Sessel wird zum augenfälligen Symbol, kein psychoanalytischer Film könnte das zu zeigen wagen. Wenn sie ganz leise, nur andeutend, den Schenkel hebt, dann vertritt diese einzige Bewegung eine ganze Orgie.

Die Verwandlung

Die Schauspielerin Louise Brooks erinnert sich an ihre erste Begegnung mit der Kollegin.

Marlene Dietrich kam zu einer Zeit nach Hollywood, als dort die gesamte Filmbranche Greta Garbo vergötterte – uneingestandenermaßen, aber so unverkennbar, daß es zum Lachen war. Von überallher aus Europa wurden Garbo-Imitationen eingeführt. Regisseure (unter ihnen von Sternberg) hielten Schauspielerinnen an, wie die Garbo zu spielen. Männliche Stars ließen sich Gagenkürzungen und Nennung an zweiter Stelle gefallen, wenn sie dafür mit der Garbo zusammenarbeiten durften. Kleine, dunkelhaarige Schauspielerinnen waren nicht mehr gefragt; andere erblondeten über Nacht, zogen die Augenbrauen in dünnen Bogen aus und trugen falsche Wimpern. Vor der Kamera hatten sie in Großaufnahmen einen geheimnisvoll starren Blick, warfen bei jeder Gelegenheit den Kopf zurück und stürzten rücklings auf wehrlose Betten und Sofas.
Als ich 1930 Marlene Dietrich kennenlernte, gab es niemanden, der nach Aussehen und Auftreten weniger der Garbo geglichen hätte. Ich ging mit Irene und David Selznick auf eine Party, ohne zu wissen, daß das Nachtlokal zu Wohltätigkeitszwecken in einen Spielsaal verwandelt worden war. Jede Art von Glücksspiel ist mir ein Greuel, ich verkrümelte mich deshalb in einen leeren Nebenraum – beinahe leer, auf einer Rundbank, den Kopf an die Säule gelehnt, saß nämlich mutterseelenallein eine hübsche, mollige Blondine.

Es war Marlene Dietrich. Ihr schönes blondes Haar war dicht gewellt, sie trug ein himmelblaues Chiffonkleid und schwere deutsche Seidenstrümpfe. Zu meiner Überraschung begrüßte sie mich in freundlich-warmem Ton. Sie war noch ganz die Lola Lola aus dem *Blauen Engel*. Doch als dann *Morocco* herauskam, war jede Ähnlichkeit mit dieser Gestalt ein für allemal dahin. An der neuen, verfeinerten Marlene war keine Spur mehr von gemütlicher Vulgarität oder impulsiver Großzügigkeit. Ihre schroffen, kraftvollen Bewegungen waren verkümmert zu einem gemessenen Schreiten zwischen den Posen für den Standphotographen. Von Spiel konnte keine Rede mehr sein, dazu hätte sie ja die Augen aufmachen müssen, die jetzt halbgeschlossen blieben, von dichten falschen Wimpern beschattet. Und eine sichtbare Gefühlsregung hätte der Beleuchtung Abbruch getan, mit der ihre Gesichtszüge herausgemeißelt wurden.

Treue Verehrer behaupten immer noch, es hätte der Dietrich nichts Besseres zustoßen können als die Verwandlung in ein geschniegeltes Hollywood-Glamourgirl. Ich kann indessen den *Blauen Engel* nie sehen, ohne ein wenig zu weinen.

Madonna, Mutter, Maitresse

Hermann Kadow (1933)

Sie ist der Inbegriff jenes sex appeals geworden, der das abendländische Ideal der christlichen »Frauwe«, der humanistischen »Gentil Donna« und der höfischen Gesellschaftsfigur der »Dame« in brutalem Zeitalter der amerikanischen Sachlichkeit auf das ökonomische Prinzip der besten und billigsten Effekte beschränkt hat.

Marlene Dietrich ist volkstümlich im besonderen Sinne unseres Jahrhunderts. Sie ist beheimatet auf dem glatten Asphalt der großen Städte, sie ist zu Hause in der Welt des mondänen Glanzes und des imponierenden Scheins. Sie ist der Inbegriff jenes Frauenidols geworden, das die Sinne des 20. Jahrhunderts zu entzünden vermag. Aber dies geschieht weniger mit den üblichen Mitteln einer mehr oder minder geschmackvollen Nudität, als mit einem Antlitz, das unvergeßlich ist, mit einer dunklen Stimme, die jedem bekannt ist und nebenbei – mit ein Paar Beinen, die bedenklich gut gewachsen sind.

Wenn man von Marlene Dietrich spricht, muß der Name ihres Regisseurs, Josef von Sternberg, genannt werden, dem es gelang, die Eigenart ihrer weiblichen Wirkung filmisch zu bannen, schauspielerisch zu verdeutlichen und in ihre Konsequenzen zu treiben. Das filmfotografisch offen liegende Geheimnis ihrer Wirkung als Persönlichkeit und Schauspielerin richtet sich, genau gesagt, stets gegen die Männer. Eine Tatsache, die der durchschnittlichen Weiblichkeit so gut gefällt, daß sie Marlene Dietrich in Gebärde und Aufmachung zu kopieren versuchen. Ja, man gibt sich sogar Mühe, das Liebeserlebnis so aufzufassen, wie es von Marlene Dietrich repräsentiert wird: als ein narzißhaftes Mißverständnis, als ein nihilistischer Scherzartikel, als eine abenteuerumwitternde Daseinspassage, als eine dämonisch angespitzte Gefühlskunst mit tragischen Schnörkeln.

Sie kennt bei ihren Filmspielen im Grunde genommen keinen Partner, der ihr gewachsen wäre, dessen Begegnung mit ihr zu einem sinnvollen Ende führen müßte. Sie bleibt immer unerfüllt hungrig, etwas erstaunt, schön und sehr einsam. Jedes Thema, jedes Milieu, jede Besetzung, in der Marlene Dietrich filmisch herausgestellt wird, ist im Grunde genommen immer nur eine Kulisse, ein Kostüm für die Erscheinung ihrer selbst.

Das Geheimnis dieser Schauspielerin besteht darin, daß sie sich selbst spielt, daß sie mit der Ernsthaftigkeit spielt, mit der Erotik spielt, sogar mit dem Nihilismus spielt. – Das ist ihre Größe und ihre Schwäche zugleich. Gebt ihr den richtigen Gegenspieler, sucht nach ihm, findet ihn! Dann wäre der Fall gelöst. Es ist zu befürchten, daß dieser Gegenspieler nicht gefunden wird.

Die Schauspielerin Marlene Dietrich versteht sich auf die passive Arroganz und auf die versengende Kälte einer herausfordernden Gelassenheit. Sie ist der Inbegriff dessen, was ein kluger Mann einmal die beste Verteilung und die wirksamste Mischung der drei »M« nannte: »Madonna, Mutter, Maitresse«. Marlene Dietrich verwandelt sich nie. Es gibt keine Rolle, die sie verwandeln kann. Alle Filmrollen sind nur um ihretwillen da. Keinerlei Schicksal mag an ihr gekühltes Wesen anzurühren. Sie bleibt immer Marlene.

Manchmal wird sie durch die Einfälle der Filmautoren ein wenig zu viel geschminkt und ein wenig zu sehr kostümiert. Aber ihr eigentliches Gesicht dringt durch alle Masken hindurch. Sie erleidet diesen Zustand, wie Narzissen an ihrer duftlosen Schönheit leiden.

Und mit ihr und an ihr leiden die Männer, und gehen gewöhnlich zu Grunde. Nur nicht diejenigen, die so sind, wie »Peter«, von dem sie mit ihrer schweren Altstimme singt: »Peter, Peter, kehr zu mir zurück« … Dieser Peter ist der ewig zur Verfügung stehende Diener ihrer Laune. Dieser Petermann ist ein genialischer Troddel und zugleich die einzigste Sorte von Männern, die zu ertragen vermag. Alle Petermänner der Welt bleiben ihr zugetan. Und es gibt sehr viele Petermänner auf dieser Erde.

Es empfiehlt sich allmählich ganz, den Fall »Marlene« überwinden zu lernen, da das erotisch betonte Spiel mit dem Nihilismus, das Marlene Dietrich so hervorragend beherrscht, um jener bescheidenen Mädchen willen zurückgestellt werden müßte, die hinter Ladentisch und Schreibmaschine den bitteren Geschmack einer gesunden Wirklichkeit erfahren haben.

Fräulein Dietrich

Janet Flanner (1933)

Marlene Dietrichs Paris-Besuch begann mit der Bitte des Polizeipräfekten, die Stadt in Hosen zu verlassen, und endet nun damit, daß sie überall in Röcken erscheinen soll. Sie ist der süße Pfeffer, der die Leute massenweise in das bescheidene ungarische Restaurant in der Rue de Surène zieht, wo sie gewöhnlich diniert; ein bitterer Wermutstropfen ist sie nur für jene eleganten Cocktailparties, bei denen sie nicht auftaucht. Sie war die Königin auf Baron Rothschilds Ball – oder wäre es gewesen, wenn sie mit einem anderen Mann außer ihrem eigenen getanzt hätte. Bei Cecil Sorels Abschiedsvorstellung an der Comédie Française, bei der der Comte de Ségur als Schauspieler debütierte, fand sie in ihrer Loge mehr Beachtung als er bei seinem Bühnenauftritt als Hannibal. Bei dem gesellschaftlichen Ereignis von Richard Taubers Konzert war ihre stumme Silhouette der wirkungsvollste Teil des Programms. Sie spricht ausgezeichnet Französisch, ist von bescheidener Art und wohnt mit Ehemann, Mutter und Kind im Trianon Palast-Hotel in Versailles. Wenn sie in Paris ist, trägt sie alles andere als Kragen, Krawatten und Herrensakkos.

Fräulein Dietrich ist seit Jahren der erste ausländische weibliche Star, in den sich die Pariser Gesellschaft verliebt hat. Offensichtlich ist sie auch seit Christina von Schweden vor etwa dreihundert Jahren die erste Frau in Männerkleidung, auf die die Regierung wieder ein wachsames Auge geworfen hat.

»Ich gebe nur immer her«

An ihren Freund und Textdichter Max Kolpe (im Exil nannte er sich später Colpet) wandte sich Marlene Dietrich in mehreren Briefen aus Hollywood.

2. April 34

Lieber Max Kolpe,

ich war sehr krank, hätte sonst früher geschrieben. Sonst war ich so stark und habe alles ausgehalten, – aber mit einemmal ging es nicht mehr. – Komisch, nicht? Der Film war das Schwerste, was wir je machten, ich weiß nicht, ob ich gut bin, ich glaube nicht. – Ich bin auch nicht schlecht, aber unbedeutend, scheint mir. – Sternberg war wieder reines Genie. – Es wurde eine neue Art Film – – neu in der Erzählungsart und Aufbau, neu indem zum ersten Mal Malerei und Bildhauerei mitspielen und neu durch die Musik. – – Sie werden ja sehen – – Sternberg instrumentierte selbst, keine Note ist Zufall, kein Licht, keine Einstellung – – – nur wie immer die Schauspieler kommen nie zu seinem Standard hinauf. Sie werden ja sehen, wie wir uns bemühen, und werden fühlen was er wollte, auch wenn wir es nicht immer erreichen. – – Unser nächster Film steht noch nicht fest. Ich war in der Wüste zum Ausruhen, das Kind ist braun wie ein Neger, und mein Mann genießt die Sonne sehr. – Sonst ist nichts Neues, und ich bin froh, denn meistens ist es nur Unerfreuliches.

94

In Berlin behauptet man jetzt, ich sei in eine Heilanstalt überführt worden, und ängstigt meine arme Mutter für vierundzwanzig Stunden. –

Ich habe, vielleicht weil dort Frühling ist, plötzliche Sehnsucht nach Berlin. Hier in dem ewigen Sommer vermisse ich das sehr. – Ich denke da so an Spätnachmittage im offenen Wagen (zum ersten Mal offen) den Kurfürstendamm entlang, und so ohne scheinbaren Grund das Glucksen in der Kehle.

Vielleicht war das, weil man jung war und zu hause. –

Ich kämpfe so gegen das Absterben hier und gegen das Absterben überhaupt, gegen das hohle Gefühl innen.

Ich gebe nur immer her und kriege nichts. – Das Kind ist nun auch erwachsen.

Bitte schreiben Sie doch

Marlene

»Gänzlich erstarrt«

Der Filmtheoretiker Rudolf Arnheim verfaßte 1932 für die
»Weltbühne« folgende Filmkritik:

Josef von Sternberg und Marlene Dietrich gehen wieder
einmal unter die Soldaten. Die antreibenden Hetzrufe der
chinesischen Infanteristen hallen einem noch im Ohr, wenn
der Film, *Schanghai-Expreß,* längst vorüber ist. Eindringli-
cher noch als in *Marokko* ist die Völkerschau geraten; auch
ist sie diesmal weniger bloße Staffage, die Solofiguren werden aus dem Getümmel heraus geboren, tauchen im Getümmel wieder unter – wennschon das Motiv des chinesischen Bürgerkrieges nur in alleräußerlichster Weise dazu
dient, eine Liebesgeschichte zu komplizieren. Wieder erle-
ben wir bei Gelegenheit einer primitiven Spielhandlung ein
verzaubertes Lichtmeer, eine überirdische Wunderwelt –
nicht Abbilder wirklicher Gegenstände, sondern aus Schwärze
und Helligkeit geronnene Malerphantasien glaubt man
zu sehen. Schatten schweben über den Gestalten, über
der Lokomotive, Marlene Dietrichs Gesicht ist durch einen
schwarzen Schleier schräg zuschraffiert, und wenn die Ma-
schine auf der Station Wasser nimmt, so wirkt das unheim-
liche schwarze Rohr zwischen Dampfwolken wie ein Nacht-
gespenst.
Aber der Genuß an der kunstvollen Verwendung des filmi-
schen Materials wird zur optischen Ausschweifung, weil der
Aufwand für einen hohlen, verlogenen Inhalt vertan wird.
Je klarer sich herausstellt, daß Sternberg der begabteste

Filmhandwerker der Erde ist – jeder seiner Filme gäbe Stoff für ein ganzes Lehrbuch der Filmkunst –, um so erschreckender wird sein Versagen vor dem, was man Schicksal, menschliche Größe, dramatischen Gehalt nennt. Seine Vorliebe für Menschen, die mit Tod und Leben wie mit Zigaretten herumspielen, läßt ihn eisgekühlte Idealtypen schaffen, gänsehaut- und zwerchfellerregend zugleich. Militärarzt und Schanghai-Lili, Rebellenführer und Chinesin sind von einer so penetranten Fischblütigkeit, daß die vertrocknete Engländerin in ihrer Angst um ihr Pekinesenhundchen gradezu als eine Verkörperung orientalischer Leidenschaft wirkt. Im Interesse der Fahrgäste bittet die Eisenbahndirektion, Morde und Liebesschwüre tunlichst geräuschlos vollziehen zu wollen. Wenn einer die Frau, die er über alles liebt, nach Jahren plötzlich wieder sieht, murmelt er einige lustlose Sätze durch die Zähne. Die mimische Unbeweglichkeit dieser unaufhörlich von den Gefahren der Erschießung, der Folterung und des unfreiwilligen Beischlafs bedrohten Paramount-Menschen muß Buster Keaton, den Star der Konkurrenzfirma, vor Neid erblassen lassen. Im Gegensatz zu dem üblichen Kitsch hemmungsloser Gefühlsaufwallung hat Sternberg den Kitsch der Diskretion erfunden. Er, der den geringsten Chargenspieler mit einer Behutsamkeit und Zurückhaltung führt, so daß kein unechter Ton durchgeht, veräußerlicht seine Heldin, Marlene Dietrich, immer mehr zur wachsbleichen Eismeernixe. Sie gibt einerseits zu viel, indem sie pausenlos nervös-ironisch mit den Augen rollt, andrerseits zu wenig, indem sie die innere Wärme und Leidensfähigkeit nicht merken läßt, die ihre äußere Kälte erst sinnvoll machen würden. Sie ist gänzlich erstarrt. Sie kann nicht mehr gehen, ohne mit den

Hüften zu wiegen, sie kann nicht mehr stehen, ohne mit dem Arm hoch herauf zum Türrahmen zu langen. Sie sollte sich vier Wochen am kalifornischen Strand erholen und dann schleunigst in einem Lustspiel als sanfte Hausfrau mit zwei Kindern und Kleinviehzucht auftreten; sonst wird sie zwar eine immer edlere Kokotte, aber eine immer schlechtere Schauspielerin werden.

Zwangsurlaub im Trainingslager

Mit dem Film »Destry Rides Again« von Joe Pasternak gelang Marlene Dietrich wieder ein großer Erfolg. Im »New Yorker« vom 9. Dezember 1939 war zu lesen:

Genau so unerwartet wie seinerzeit Garbos Lachen kommt Marlene Dietrichs neue Rolle. Als Vamp in einer Grenzerkneipe ist sie Herz und Seele eines guten altmodischen Wildwesters, an dem alles dran ist außer Indianern, und das macht die Dietrich mit Leichtigkeit wett. Ihr Handgemenge mit Una Merkel, von dem man so viel hört, wird keineswegs überschätzt, und niemand, der es miterlebt hat, zweifelt daran, daß die beiden auf einer Bahre abtransportiert werden mußten. Marlene die Streitbare ist in *Destry Rides Again* glänzend in Form, und man kann nur annehmen, daß sie ihren kürzlichen Zwangsurlaub nicht im rosaroten Dämmerschein eines Boudoirs, sondern in irgendeinem Trainingslager verbracht hat. In den wenigen Ruhepausen, wenn sie nicht gerade einem Rüpel ein Bein stellt, eine Flasche in den Spiegel schleudert oder die arme Una ohrfeigt (die sich allerdings ebenfalls ihrer Haut zu wehren versteht), fällt einem auf, daß sie ein bißchen abgezehrter aussieht, etwas weniger üppig in den Konturen. Bei diesen Muskeln – der drahtige Typ – hat sie das Zeug zu einem Weltergewicht. Und ihre Stimme hat sie deswegen nicht eingebüßt. »What are the men in the back room drinking?« trällert sie mit ihrer entzückenden Altstimme, und uns geht es sogleich durch Mark und Bein.

Im Visier des FBI

Werner Sudendorf, Leiter der Sammlungen ›Stiftung Deutsche Kinemathek‹ und der ›Marlene Dietrich Collection‹, richtet sein Augenmerk auf die potentielle Spionin Dietrich.

Bereits 1939 war Marlene Dietrich Bürgerin der USA geworden; damit aber hatte sie für »patriotische« Amerikaner noch lange nicht den Verdacht ausgeräumt, mit den Nationalsozialisten gemeinsame Sache zu machen. Seit kurzem stehen Akten des FBI aus den vierziger Jahren zur Verfügung. Sie dokumentieren nicht nur die damalige Furcht und Hysterie der Amerikaner vor »feindlichen Ausländern«, sondern illustrieren auch beispielhaft, wie diese Psychose von Profis zur Abwehr lästiger Konkurrenten instrumentalisiert wurde.

Auf weit mehr als hundert Aktenseiten untersuchte das FBI in den Kriegsjahren nicht nur das soziale Umfeld von Marlene Dietrich, sondern auch das ihrer Liebhaber Jean Gabin, Erich Maria Remarque und ihres Ehemannes Rudolf Sieber. Die Hauptuntersuchung fand in den Jahren 1942/43 statt, aber bis 1945 gehen dem FBI immer wieder Denunziationen über »Die Deutsche« zu. Und wie immer sind die meisten Denunziationen anonym und vage, geprägt von Renommiergehabe, Eifersucht oder schlicht Neid.

Ausgelöst wurde die Aktivität des FBI durch einen Anruf von Mabel Walker Willebrandt im Mai 1942. Frau Willebrandt äußerte die feste Überzeugung, daß Marlene Dietrich, die bis 1939 häufig in Frankreich war und dort viele

Freunde hatte, mit dem Vichy-Regime zusammenarbeiten würde und eine Agentin sei; den Regisseur René Clair und den Schauspieler Jean Gabin wollte die Dietrich, so Frau Willebrandt weiter, zur Rückkehr nach Frankreich bewegen, um das Vichy-Regime und die von der Ufa in Frankreich initiierte Firma Continental-Films zu unterstützen.

Das FBI fand bald heraus, daß Frau Willebrandt von Darryl F. Zanuck für die Fox engagiert worden war, um Jean Gabin, der seit 1941 in den USA war, ein permanentes Visum zu besorgen. Auch Marlene Dietrich war in dieser Richtung aktiv – aber nicht, weil sie dafür engagiert, sondern weil sie in Gabin verliebt war. Marlene hatte, so Frau Willebrandt, Beamte des Außenministeriums zum Tee geladen, um über den Fall Jean Gabin zu sprechen. Besonders erbost war Frau Willebrandt über die Tatsache, daß Marlene aus ihrem (Willebrandts) Büro mit Gabin telephonierte, um ihm mitzuteilen, daß Mutti, wie Marlene im engen Freundeskreis genannt wurde, alles für ihn regeln werde. Frau Willebrandt wollte die Konkurrentin loswerden und dafür scheute sie vor keinem Mittel zurück. Ihr Vorgehen wurde noch dadurch gefördert, daß Marlene ständig in ihrem Büro anrief und ungebeten Ratschläge erteilte, mit wem als nächstes über das Visum für Gabin geredet werden müßte.

Die Fox hatte den französischen Schauspieler für den Film *Moon Tide* in die USA geholt. Gabin sprach zu dieser Zeit noch nicht perfekt englisch und lebte in Hollywood mit Marlene zusammen. Mit ihr probte er die Texte, die er am nächsten Tag sprechen sollte – sehr zum Verdruß des Regisseurs Archie Mayo, denn Gabin hielt sich in seiner Unerfahrenheit sklavisch an die Betonung, die Marlene ihm beigebracht hatte. Täglich, so beschwerte sich Mayo, erscheine Marlene Dietrich am Set und ändere mit ihren Sprachübungen die vom Regisseur beabsichtigte Akzentuierung. Frau Willebrandt konstruierte daraus die verwegene Behauptung, daß Marlene Dietrich Jean Gabin durch die besondere Betonung der Wörter als Medium gebrauche, um der Vichy-Regierung auf diese Weise geheime Informationen zukommen zu lassen. Diese Grundidee lieh sich die Denunziantin aus dem 1941 produzierten Film *International Lady;* eine schöne Sängerin übermittelt darin mit eigenartigen Gesangsmodulationen geheime Botschaften an den Feind. Dem FBI war der Film unbekannt; gleichwohl durchschaute es ziemlich schnell die eigennützigen Motive von Frau Willebrandt. Nach weiteren, augenscheinlich konstruierten Vorwürfen wurde der Kontakt abgebrochen – gleichzeitig aber lief die gesamte Geheimdienstmaschinerie an, denn neben Marlene Dietrich war inzwischen auch Erich Maria Remarque ins Visier des FBI geraten. Eine von Frau Willebrandt benannte Zeugin behauptete, Marlene und der deutsche Schriftsteller hätten die Bombardierung Englands mit Champagner gefeiert.

In einem Memorandum sammelte das FBI die Informationen über Marlene Dietrich. Danach habe der Autor Karl Vollmoeller, der an dem Drehbuch zum *Blauen Engel* mitgearbeitet hat, 1939 in Frankreich versucht, sie zu einem Treffen mit deutschen Filmindustriellen zu überreden. Entrüstet habe sie abgelehnt und jeden Kontakt mit Vollmoeller abgebrochen. Sehr heftig kann das Zerwürfnis nicht gewesen sein, denn als Vollmoeller 1942 in den USA als feindlicher Ausländer interniert wurde, setzten sich der Regisseur Josef von Sternberg und die Dietrich für seine Freilassung ein.

Im Laufe der FBI-Aktivitäten wird auch ihr Liebesleben einer strengen Prüfung unterzogen. Remarque, der ihr verfallen sei, skizzierte Marlenes Charakter nach den FBI-Unterlagen mit folgendem Satz: »Sie ist zu 90 Prozent gut und zu 10 Prozent schrecklich dumm.« Jean Gabin sei ihren Nachstellungen erlegen und im Moment, so eine vertrauliche Quelle, »Marlene-ga-ga«. Weiter dokumentiert die Akte zahlreiche anonyme Schreiben und Anrufe, in denen Marlene Dietrich auch von »Kollegen« als Nazi-Sympathisantin denunziert wird.

Nach dreimonatigen Recherchen wird die Akte im Juli 1942 mit dem Vermerk geschlossen: Keine Hinweise auf Spionagetätigkeiten von Marlene Dietrich. In demselben Jahr hatte die Schauspielerin schon verschiedene Werbetourneen für Kriegsanleihen absolviert. Ein Informant berichtete, daß ihr Einsatz für die sogenannten »War Bonds Shows« zunächst fraglich war, weil ihre Mutter und ihre Schwester noch in Deutschland lebten. Marlene aber wischte diese Einwände beiseite: »I can't help it. Let's go ahead and I'll spend all my time playing camp shows or selling bonds.«

Kaum einen Monat später nimmt das FBI die Nachforschungen wieder auf. Rudi Sieber, Marlenes Ehemann, hatte inzwischen die amerikanische Staatsbürgerschaft beantragt. Normalerweise dauerte die Bearbeitung sechs Monate, aber hinter den Kulissen war Marlene Dietrich aktiv, um das Verfahren zu beschleunigen. Das brachte nur neue Schwierigkeiten. Im März 1943 ruft Marlene Dietrich das FBI an und droht damit, sich direkt an Roosevelt zu wenden, um zu erfahren, warum ihr Ehemann nicht zur amerikanischen Staatsbürgerschaft zugelassen wird. Schon 1937, als ihr Gepäck in New York wegen Steuerschulden beschlagnahmt

wurde, habe sie sich an den Schatzminister Morgenthau
gewandt, der diese Affäre zu ihrer vollen Zufriedenheit beendet hätte.

Am 25. Juni 1943 erscheint Marlene im Büro des FBI in Los
Angeles. Siebers Antrag auf Naturalisierung war inzwischen »wegen unmoralischen Verhaltens« – er wohnte seit
Jahren mit seiner Lebensgefährtin Tamara Matul zusammen – abgelehnt worden. Jetzt drohte die Dietrich nicht
mehr mit ihren guten Beziehungen zu Franklin Roosevelt,
sondern äußerte nur ihr Unverständnis über diese Entscheidung. Aber das Interesse an der Naturalisierung ihres
Mannes war nicht der einzige Grund für die Visite im FBI-
Büro. Jean Gabin hatte sie wissen lassen, daß er die USA
(und Marlene Dietrich) verlassen wolle, um auf der Seite
des Freien Frankreich zu kämpfen. Dem FBI bietet Marlene jetzt an, den USA in jeder Beziehung zu dienen und
sogar die amerikanischen Truppen in Europa zu betreuen.
Gabin verläßt die USA am 5. Januar 1944. Genau fünf
Monate später, am 5. Juni 1944, geht Marlene Dietrich auf
ihre erste Europa-Tournee zur Unterstützung der amerikanischen Truppen. In diesem Jahr ändert sich auch die Haltung des FBI zu Marlene. In Geheimberichten wird sie
inzwischen als »Special Service Contact of this Bureau«
bezeichnet.

Marlene Dietrich greift ein

Der Journalist und Verleger Wilhelm Hollbach war Frankfurts erster Oberbürgermeister nach dem Krieg. Für einen Bericht der »Frankfurter Rundschau« erinnerte er sich an eine überraschende Begegnung mit Marlene Dietrich.

Es war Mitte April im Kapitulationsjahr, als Hollbach wie jeden Tag in seinem Amtszimmer in der Siesmayerstraße saß. Dorthin war ja die Stadtverwaltung nach der Ausbombung umgezogen. Das Telefon klingelte. Zuerst war der Oberst der Militärregierung am Apparat. »Eine Dame möchte Sie sprechen«, sagte er zu Hollbach. Noch heute erinnert sich der ehemalige Oberbürgermeister an die dunkle Frauenstimme. »Hier ist Margarete Friedrich, kennen Sie mich?« So habe er die Stimme am Telefon verstanden und bedauert: »Tut mir leid, gnädige Frau.« Am anderen Leitungsende gab man nicht nach. »Haben Sie nicht den ›Blauen Engel‹ gesehen?« Da verstand Wilhelm Hollbach. Er sprach mit Marlene Dietrich, die im Rahmen der amerikanischen Truppenbetreuung gerade in Frankfurt war, und hatte den Namen nicht richtig verstanden.

Eine echt weibliche Sorge wurde ihm vorgetragen. »Ich bin in einer großen Verlegenheit«, berichtete Frau Dietrich, »mir sind die Kosmetika vollständig ausgegangen. Hier bei den Soldaten kann ich keine bekommen, wissen Sie keinen Rat?« Ein wenig verblüfft meinte der Chef der Trümmerstadt: »Aber liebe gnädige Frau, wir haben hier wirklich anderes zu tun.« Die Dietrich entschuldigte sich, sie habe sich das denken können. Da fiel Wilhelm Hollbach plötzlich eine Sekretärin ein, die immer in gutem make-up durch die Räume kam. »Vielleicht kann sie Ihnen helfen«, meinte er zu der außergewöhnlichen Anfrage, und Marlene antwortete: »Ich komme sofort.«

An diesem Tage gingen zwei Damen auf Kosmetiksuche. Frau Dietrich und die Sekretärin. Doch bei dem Friseur der jungen Frankfurterin war der Vorrat erschöpft. Über das Wirtschaftsamt bekam man einen Grossisten empfohlen, der nach Hofheim verlagert hatte, und dort konnten die Wünsche beider Damen erfüllt werden. Ein paar Tage später wurde die Geschichte erst interessant. »Frau Dietrich wird mir gemeldet«, erzählt Hollbach.

»Gleich stand sie vor mir, meinte, daß sie mich nicht aufhalten, sondern lediglich Dank sagen wolle.« Marlene sagte zu dem Frankfurter Oberbürgermeister: »Ich möchte mich revanchieren und Sie zum Abendessen ins Parkhotel einladen.« Hollbach spielte den Erschrockenen. »Madame, wollen Sie erschossen werden, Fraternisation ist nicht erlaubt.« Sie winkte ab, wollte wissen, warum denn keine Geschäfte in Frankfurt geöffnet seien, das wäre ja entsetzlich. Hollbach klärte sie auf, daß es die Amerikaner nicht gestatteten und witterte eine Chance beim Abendessen, an dem auch der Oberst teilnehmen würde, wie Frau Dietrich gesagt hatte. »Also, kommen sie einige Minuten vor acht«, sagte Marlene Dietrich, an deren völlig akzentfreies Deutsch sich Hollbach heute noch mit Staunen erinnert. »Ich bin gespannt, was der Oberst für ein Gesicht machen wird.« Mit diesen Worten rauschte sie von dannen.

Marlene Dietrich kam, was das Gesicht des Obersten betrifft, ganz auf ihre Kosten. Als der deutsche Gast eintrat, war es voller Überraschung und Verlegenheit. »In diesem Augenblick hätte ich den Oberst gern fotografiert«, erinnert sich unser Erzähler. Als man bei den Drinks, die der Oberst schätzte, angekommen war, brachte Frau Dietrich, wie mit Hollbach verabredet, das Gespräch auf die geschlossenen Geschäfte. Anderswo seien sie doch auf, log sie, und der Bürgermeister klagte, daß der Oberst dem Drängen um Erlaubnis bisher nicht nachgegeben habe. Die charmante Tischdame nahm das Militär aufs Korn, setzte ihm so lange zu, bis er sagte, er wolle es sich wohlwollend überlegen. Am nächsten Morgen ließ Oberbürgermeister Hollbach die Geschäfte öffnen.

RKO-KURIER

Was sie so sagen …

Marlene Dietrich ist hübsch, aber nicht besonders talentiert.

BERLINER LOKALANZEIGER 1921

Die Kunstlinie ihrer Hand ist ein geradezu überraschendes Gebilde von Schönheit, Wucht und Eindrucksfähigkeit. Wie ein Feldherrnstab mutet diese Kunstlinie an.

CHIROMANT M. RASCHNIGG

An Marlene ist eine Hausfrau verlorengegangen. Ihr Rahmgoulasch macht ihr keiner nach!

ROMANCIER E. M. REMARQUE

Sie ist einer der besten Menschen, die ich kenne. Ich weiß, daß sie während des Krieges und in der Notzeit nachher alten und verarmten Kollegen in Europa mit Geld und zahllosen Paketen half.

JOURNALISTIN HEDDA HOPPER

Die Alte ist derart unbeständig, daß ich mich weigern würde, nochmal ihren Partner zu spielen.

FILMSTAR JEAN GABIN

Miss Marlene Dietrich machte sich verdient, indem sie ein höchst anstrengendes Programm von Aufführungen während Kämpfen, bei widrigem Wetter und unter Lebensgefahr absolvierte.

US-KRIEGSMINISTERIUM

Marlene Dietrich ist die Frau, mit der wir unsere Männer am allerwenigsten allein auf einer einsamen Insel lassen würden.

AMERIKANISCHE FRAUENVEREINIGUNG

Im Herzen bin ich ein ganz dummer, kitschiger romantischer Backfisch!

MARLENE DIETRICH

NOTIZEN UND INFORMATIONEN

Die Kleider der Marlene

In seinen 1967 erschienenen Erinnerungen »Meine berühmten Freundinnen« widmet der Schauspieler Hubert von Meyerinck auch Marlene Dietrich ein Kapitel. Es beginnt mit dem Satz: »Ihre Kleider sind so verschieden, wie es die Zeiten waren, in denen wir uns begegneten.«

Als ich Dich, Marlene, das erstemal sah – in einem Film von Joe May »Tragödie der Liebe« mit Jannings und Erika Glässner – trugst Du ein Sportkostüm. Einen ganz kurzen Rock, der damals Mode war, und eine kleine, knappgeschnittene Jacke. Einen tief in das Gesicht gestülpten Hut und im Auge ein Monokel. Du spieltest eine winzig kleine Rolle: eine leichtfertige Dame. – Das Bild verschwimmt und ein anderes taucht auf. Eine der glanzvollsten Aufführungen von Eric Charell im Großen Schauspielhaus in Berlin. Du trugst ein gelbes Kleid. Es war lang, beschleppt und hatte am Hals rosenrote Rüschen. Deinen Kopf mit den weitgelockten hellen Haaren neigtest Du lässig auf Deine nackten Schultern, und Du sangest irgendein Lied irgendeines modernen Schlagerkomponisten.

Du warst die Commère in dieser Revue, die Ansagerin, und Du gingst langsam mit Deinen sinnlich erregenden Beinen in einer gelangweilten Ruhe die Rampe entlang.

Es war eigentlich nichts, was Du spieltest oder machtest. Aber gerade dieses Nichts hat Dich später berühmt gemacht. Aus diesem Nichts hast Du einen Stil geschaffen, und wenn ich Dich als Shanghai-Lilly oder blonde Venus sah, oder in Deinem schönsten Film als diebische Hochstaplerin in »Desire«, machtest Du eigentlich nichts anderes als damals in Max Reinhardts Großem Schauspielhaus. Nur war dieses aus einer anscheinenden Gleichgültigkeit geborene »Nichts« – wenigstens wirkte es so – nun zu Deinem Stil, zu Kunst geworden, und mit einem Blick, einem hingehauchten Wort, sagtest Du mehr als eine Vollblut-Komödiantin mit einer großen Szene. Und doch warst Du vor Lampenfieber glühend wie alle wahrhaftigen Künstler, und Deine Hände zitterten vor jedem Auftritt.

In dem herrlichen Berlin der zwanziger Jahre stand ich dann bald als Dein Partner neben Dir. In der zauberhaften kleinen Revue: »Es liegt in der Luft«, Marcellus Schiffer schrieb den Text, Mischa Spolianski komponierte die Musik und dirigierte selbst, Robert Forster Larrinarga inszenierte. Die Revue lief ein Jahr vor ausverkauftem Haus und ging dann noch auf Tournee.

Du trugst ein grünes Kleid, Marlene, es war aus glatt fließendem Seidenpanne, eng anliegend. Ein schwarzer kleiner Hut krönte Dein blondes Haar, und rote Fuchsschwänze lagen um Deine Schultern. Die Hände in halblangen schwarzen Handschuhen glitzerten unter dem Strahlen großer Straßarmbänder.

Ich selbst trug einen schwarzen feinen »Knize«-Anzug von dem berühmten Schneider mit weißer Weste, hellen Handschuhen und einen schwarzen Locke-Hut auf dem Kopf.

Auf der Bühne war ein Warenhaus aufgebaut. Wir hatten uns durch das Warenhaus zu schleichen, spähend nach Dingen, die wir lüstern stahlen. Du schlichst rechts und ich schlich links, und dann trafen wir uns in der Mitte und sangen ein Chanson. Der Text der ersten Strophe lautete:

Alle Männer – alle Frauen,
welche Waren sich beschauen,
lieben das Gefühl, lieben das Gefühl
zu klauen –
Welche Lust, voller Erschrecken
irgend etwas einzustecken,
nur um das Gefühl zu necken –
oder welches Wonnebecken,
was Gefundenes aufzuheben
und es dann nicht, und es dann nicht
abzugeben –
Hört man zum Alarm uns blasen,
wenn die Klepto-, wenn die Klepto-
manen rasen.

Refrain:
Wir haben einen kleinen Stich,
wir stehlen wie die Raben,
trotzdem wir es ja eigentlich
gar nicht nötig haben.
Uns treibt nicht finanzielle Not,
nein, ein ganz andrer Grund,
wir tun's aus sexueller Not,
aber sonst fühlen wir uns gesund.

Und das Publikum, das elegante Publikum des Berliner
Westens raste vor Vergnügen.
Das nächste Kleid, in dem ich Dich wiedersah, war rot. Da
lagen schon einige Jahre dazwischen. Du kamst das erste-
mal aus Amerika nach Berlin zurück, ein werdender Weltstar.
Du saßest in der ersten Reihe des Theaters am Kurfürsten-
damm, und wir spielten wieder eine Revue, »Alles Schwindel«.
Gustaf Gründgens war mit dabei, Theo Lingen und Margo
Lion.

Nachher begleitete ich Dich auf den Presseball. Die Menge
stob vor Dir auseinander und ging rückwärts. Eine mondä-
ne Kühle lag über Deiner glänzenden Erscheinung, und die
funkelnden Brillanten an Deinem Hals strahlten nun echt.
Du warst jetzt ein amerikanischer Star geworden, und bei
uns grummelte es in der Ferne, wie von einem schweren
Gewitter, das aufziehen wollte.

Ja, und dann kam das Jahr 1937! Es war Weltausstellung in
Paris, und ich drehte dort die deutsche Version eines Krimi-
nalfilms »Ab Mitternacht« mit René Deltgen und der reiz-
vollen Gina Falckenberg, einer Tochter des bedeutenden
Regisseurs und langjährigen Theaterdirektors in München.
Ich wußte schon durch die Zeitungen, daß Du auch in Paris
warst, aber irgendeine Scheu hielt mich ab, Dich anzurufen.
Wir waren ja schon mitten in den verhaßten Jahren, und
vielleicht wolltest Du keinen Deutschen mehr sehen.
Ich saß im Café Fouquet's. Plötzlich rief eine Stimme hinter
meinem Tisch: »Hupsi!« Und da saßest Du zwischen Erich
Maria Remarque und dem Kunsthändler Dr. Feilchenfeldt,
»Veilchen« genannt.
Du hattest einen grünen Pullover an, Marlene, und eine
schwarze Mütze auf dem Kopf. »Hupsi«, riefst Du noch
einmal erstaunt, die Hände vors Gesicht hebend – und
schon war ich bei Dir. Es war alles wie früher. Ich habe Dich
in diesen Pariser Sommerwochen noch oft gesehen. Erin-
nerst Du Dich, wie wir die Champs-Elysées entlangschlen-
derten und die Leute wieder wie beim Presseball in Berlin
vor Dir rückwärts gingen? Du trugst ein schwarzes Jacken-
kleid, und Dein blondes Haar flatterte im Wind. Du hast die
Weltausstellung übrigens nie zu Gesicht bekommen. Du

mußtest sie dreimal fluchtartig verlassen, die begeisterte Menge zwang Dich dazu.

Kurz bevor ich in meine von SA und SS brodelnde arme Stadt Berlin zurückfuhr und Du mit Deinen 75 Koffern nach Amerika – die Zahl stimmt –, ging ich noch einmal mit Dir ins Theater zu Maurice Chevalier. Da war Dein Kleid aus schwarz- und grünglitzernden Pailletten, Du trugst lange schwarze Handschuhe und einen nach oben gedrehten Turban. Erich Maria Remarque saß bei Dir in der Loge. In der Pause sahst Du mich im Parkett, und Du winktest mich heran. »Komm doch zu uns, Hupsi« – und ich weiß noch wie heute, daß ich, weil die Menge Dich so umdrängte, über die Rampe zu Dir in die Proszeniums-Loge stieg.

Als Maurice Chevalier auftrat und seine unvergleichlich frechen und vor Liebenswürdigkeit strahlenden Lieder sang, beugtest Du Dich weit vor: »Der gute Maurice, er ist mein Freund.« Und dann begrüßte Dich Maurice, wie das auch bei uns Sitte ist, wenn ein berühmter Gast ein Theater besucht. Ein Scheinwerfer richtete sich auf unsere Loge, Chevalier kam und küßte Dir die Hand. Aber Du küßtest ihn auf den Mund, und dann standest Du auf und verbeugtest Dich vor dem wie rasend applaudierenden Publikum, mit einer Verbeugung wie ein Kavalier aus dem französischen Rokoko. Dann entschwandest Du meinen Blicken für Jahre...

Viele Jahre hatten wir uns nicht gesehen, Marlene, da flatterte eines Abends ein Brief in meine Garderobe; ich spielte gerade den Mackie in der »Dreigroschenoper«. »Hupsi, bitte komm in die Wohnung meiner Mutter – ich bin hier –, aber sag es niemandem, Deine Marlene.«

Zu der Zeit war noch »No Fraternisation«-Befehl. In einer Art Taumel spielte ich den letzten Akt zu Ende. Und dann fuhr ich mit dem Rad zu Dir – ganz Berlin fuhr zu dieser Zeit Rad.

Deine Mutter, Frau von Losch, öffnete mir selbst. Ich wartete eine Weile in dem kleinen möblierten Zimmer, in dem Deine Mutter wohnte, denn auch sie hatte alles verloren. Und mein Herz klopfte. Es war so viel geschehen, seit wir das letztemal in Paris Abschied genommen hatten. So viel Grauen, so viel Brand und Verbrechen – wie würdest Du mich dieses Mal begrüßen?

Und dann war es wie immer. Nur trugst Du diesmal Uniform. Du reistest mit der amerikanischen Armee und sangest den Soldaten Deine Lieder vor, Du sangest auch »Lili Marleen«.

Wir küßten uns lächelnd, und ich fragte Dich: »Wo hast Du denn die vielen Orden her? Sogar einen russischen, wo hast Du denn den errungen?« Und Du lachtest: »Weil ich mal Wodka mit ihnen getrunken habe.«

Deine Haare waren blond und seidig wie einst, und Deine Beine, diese berühmten Beine, unter dem kurzen Uniformrock, schlank wie je. Aber Dein Gesicht war müde geworden.

Dann sah ich Dich noch einmal kurz danach. Deine Mutter starb bald nach Deinem Besuch, und Du kamst aus Paris, um von ihr Abschied zu nehmen, zu ihrem Begräbnis.

Du standest am Grab, schlank, schwarz und still. Es regnete, und um uns waren Trümmer.

Wieder sind Jahre ins Land gegangen. In unzähligen Bildern flirrt Deine Erscheinung durch die Presse. Mondän, extravagant, in Hosen oder langen schleppenden Kleidern. Das

Gesicht lachend, die Haare offen und funkelnden Schmuck an Armen, Hals und Händen.

Ich traf Dich das nächstemal 1960 in München wieder. Es war im Hotel Continental. Ich kam nach einem Telefonanruf gegen Mittag zu Dir. Dein Appartement war überfüllt mit Blumen. Die vielen Blumen strahlten kostbar, die Nelken elegant, die Lilien steif, die Rosen fast drohend. Es roch nach Konfekt, Whisky und Kaffee. Drei Damen flatterten durch die Räume, Deine deutsche Sekretärin, Deine beiden amerikanischen Kammerjungfern, von denen eine aber aus Österreich kam, und der kleine Friseur, den Du aus Zürich mitgenommen hattest. Auf dem Balkon träumte Dein Begleiter in der Sonne – übrigens begleitete er Dich wundervoll am Klavier.

Ich ging umher und sagte überall: »How do you do – how do you do«, und dann wartete ich lange. Bis Dein Friseur mich auf gut schwyzerisch ansprach: »Ich habe Sie gerade in Zürich gesehen im Schauspielhaus, könnten Sie nicht ein gutes Wort bei Frau Dietrich für mich einlegen, daß ich auch nach Amsterdam mitkomme?« Aber dahin kam schon ein anderer Friseur, der telefonisch aus Stockholm bestellt wurde.

Dann erschien der vornehme Herr Dietl – erstes Herrengeschäft am Platze –, er sollte Dir eine neue Frackhose anfertigen. Und still und bescheiden in all dem Wirrwarr von Kommen, Gehen und Telefonieren wartete auch er. Und dann endlich kamst Du.

Der erste Eindruck war bestürzend. Ich hatte Dich das letztemal in Uniform gesehen! Ganz zart, ein bißchen ängstlich erschienst Du in der Tür Deines Schlafzimmers; ein rosa Kimono reichte Dir nur bis an die Knie, Schwanenpelz zierte ihn an den Rändern.

Dein Gesicht war leichenblaß, Deine Augen halb geschlossen, Deine Hände suchten irgendeinen Halt. Du schwanktest ein wenig, denn ein paar Tage vorher warst Du in das Orchester gestürzt. Du trugst den Arm in der Binde und hattest starke Schmerzen.

Du gingst zurück in Dein Schlafzimmer und kamst bald wieder, angezogen in Hosen, einem einfachen weißen Pulli um Deine blendenden Schultern: frisch, jung, lustig, kräftig, telefonierend, regierend. Und ich glaube, jetzt erst sahst Du mich zum erstenmal, und wir intonierten unser altes Duett: »Wir haben einen kleinen Stich…«

Ich ging. Nachmittags war Presseempfang; dann holte ich Dich ab zu einem kleinen Essen bei Humpelmeyer – Dich, den einstigen Stummfilmstar Grete Reinwald, mit der Du als Kind Murmeln auf der Berliner Kaiserallee gespielt hattest, Deinen treuen Adlatus, den Chansondichter auch aus der Berliner Zeit, Max Kolpe, und Deinen Arzt, einen tschechisch-amerikanischen Herrn. Bei Humpelmeyer bediente Dich der Ober, Herr Müller aus Berlin, so selbstverständlich, als wärest Du nie fort gewesen, und wie es nur Berliner können.

Allerdings passierte ihm ein Fauxpas. »Vielleicht einen Krebsschwanz-Cocktail, gnädige Frau?« fragte er, »und später frische Erdbeeren?«

»Aber, ich bitte Sie, das bekomme ich doch überall! Geben Sie mir Sauerbraten, Klöße, Kartoffelpuffer und einen Steinhäger.«

»Ich bin Soldat gewesen«

1966 gab Marlene Dietrich dem Journalisten Paul Giannoli ein Interview, das in der französischen Zeitschrift »Le Nouveau Candide« erschien.

– Glauben Sie nicht, daß es besser wäre, einen Strich unter das Nazi-System zu ziehen, zu vergessen und nur noch an das neue Deutschland zu denken?

– Nein. Alle diese Schrecken sind noch zu nah. Wie kann man diese Verbrechen vergessen, solange sie in der Erinnerung der Täter und Opfer weiterleben…

– Es könnte doch sein, daß das deutsche Volk getäuscht und verführt worden ist. Nicht alle Deutschen waren Nazis.

– Aber fast alle wußten, was vor sich ging. Wie konnte man denn übersehen, daß es Konzentrationslager gab? Jeden Tag wurden in jeder Stadt von der SS und der Gestapo Männer und Frauen verhaftet, die schrien, die weinten, die man über das Pflaster schleifte. Haben die Deutschen das nicht gesehen? Haben sie keine Fragen gestellt? Was geschah mit den Menschen, die die Polizei abführte und die man nie wiedersah?

– Wo waren Sie denn zu jener Zeit?

– In den Vereinigten Staaten.

– Wie können Sie Ereignisse beurteilen, die Sie gar nicht selbst miterlebt haben?

– Wir erfuhren es von den Deutschen, die vor dem Hitler-Regime geflohen waren – über die Schweiz, als Mönche oder Frauen verkleidet. Ich habe jemandem in der Schweiz

Geld geschickt, der Menschen bei der Flucht aus Deutschland half.

– Wann kam dieser Haß gegen die Nazis über Sie?

– 1933, an Bord der »Europa«. Ich kam gerade von Filmaufnahmen aus den USA. Wir saßen bei Tisch, als einer der Kapitäne uns aufforderte aufzustehen, weil im Radio eine Rede von Hitler übertragen wurde. Ich habe mich als letzte vom Tisch erhoben. Ich hatte Hitlers Stimme nie zuvor gehört, sie machte mir Angst. Ich sah die Fahne mit dem Hakenkreuz im Wind flattern und etwas zerbrach in mir. Ich bat darum, in Cherbourg von Bord gehen zu können, ich wollte nicht nach Deutschland zurückkehren.

– Ihre Reaktion war demnach rein gefühlsmäßig?

– Ich war sehr jung, ohne politische Erfahrung, ich wußte nicht, ob es schlecht oder gut war, wenn Hitler an die Macht käme. Ich kenne Deutsche, die ihm zujubelten, weil er die Autobahn gebaut hat. Ich hatte nicht viel Ahnung von all dem. Die Stimme machte mir Angst, was er sagte, war mir zuwider, und ich wußte, daß er die Juden umbringen ließ, bloß weil sie Juden waren. Das reicht, um Hitler zu hassen und Deutschland abzulehnen.

– Ist Deutschland für Sie gestorben?

– Nein, das wäre unmöglich. Ich bin jetzt amerikanische Staatsbürgerin. Aber ich kam in Deutschland zur Welt. Das läßt sich nicht leugnen. Auch ein abgestorbener Baum behält seine Wurzeln.

– Wollten Sie die nie rausreißen?

– Warum denn? Sie stecken in etwas, das nichts mit dem Deutschland Hitlers zu tun hat. Das Deutschland meiner Kindheit war ein anderes.

– Als Sie 1960 nach Berlin kamen, waren Sie da bewegt?

– Nicht eine Sekunde. Ich verstehe, wenn ein Emigrant, der sein Heimatland verlassen hat, um woanders sein Glück zu suchen, bei seiner Rückkehr bewegt ist. Ich jedoch hatte das Land verlassen, weil ich mich für es schämte.

– Hatten Sie nie Lust, das Haus Ihrer Kindheit, Ihre Schule, einen Baum, eine Ecke Ihrer Straße wiederzusehen?

– All das war bestimmt zerstört, ich weiß es nicht, ich will es nicht wissen. Ich bin nicht an die Stellen zurückgekehrt. Ich habe genug Phantasie, um mir mein Elternhaus in der Kaiserallee, meine Schule vorzustellen. Ich weiß es noch genau, ich trug einen Schulranzen auf dem Rücken, der auf und ab hüpfte, wenn ich rannte. Die Lehrerin sang mit uns »J'irai revoir ma Normandie...«, und abends summte mir meine Mutter »Wenn alles vorüber ist...« vor. Mit fünf Jahren sprach ich sehr gut Französisch und wenn ich alleine war, sagte ich mir laut französische Sätze vor, nur um die Sprachmelodie zu hören. Das war im Krieg 1914... Am 14. Juli brachte ich den französischen Gefangenen heimlich weiße Rosen. Ich reichte sie ihnen durch den Stacheldraht und rannte dann wieder davon. Ich wurde dafür bestraft, aber ich ließ mich nicht davon abhalten.

– War es nicht eine Provokation, 1960 nach Berlin zurückzukommen?

– Nein, das war ein Vertrag.

– Hatten Sie Angst?

– Ich bin Soldat gewesen. Ich kenne die wirkliche Angst. Man hatte mir angekündigt, ich würde mit faulen Eiern und Tomaten beworfen werden. Das konnte mich nicht abschrecken. Und am Abend gab es eine telefonische Warnung, im Titania-Palast sei eine Bombe versteckt. Willy Brandt ist trotzdem gekommen.

– Aber niemand hat versucht, Ihren Auftritt zu verhindern?

– Auf der Straße waren Leute mit Plakaten. Darauf stand »Marlene go home« und »Marlene hau ab«. Und Männer riefen in die Menge, daß ich dabeigewesen sei, als Franzosen deutsche Soldaten ermordet hätten. Sie seien keine Hitler-Banditen gewesen, sondern Frontsoldaten.

– Trugen Sie den Orden der französischen Ehrenlegion?

– In Berlin hätte ich am liebsten zwei getragen.

– Wie lange haben Sie in der amerikanischen Armee gedient?

– Drei Jahre. Ich habe an allen Feldzügen teilgenommen, in Italien, Belgien, Deutschland. Als Freiwillige.

– Als freiwillige Sängerin…

– Was kann eine Frau sonst schon tun! Ich hatte darum gebeten, mit einem Fallschirm über Deutschland abgeworfen zu werden, um dort Spionage oder Sabotage zu betreiben. Man hat meinen Wunsch abgelehnt, da man glaubte, ich würde sofort erkannt werden.

– Sie hätten damals bedenkenlos und ohne Gewissensbisse Deutsche töten können?

– Je mehr man damals tötete, desto schneller kam das Ende.

– Hatten Sie niemals das Gefühl, daß Ihnen die deutschen Toten näher standen als die amerikanischen Toten?

– Ich bin dabeigewesen, als unschuldige Soldaten für eine Sache starben, die nicht die ihre war, die ein Land verteidigten, das nicht ihr Heimatland war.

Die Deutschen kämpften für Hitler. Aber die jungen Amerikaner kämpften für die Freiheit anderer. Amerika hatte überhaupt keinen Grund, in den Krieg einzutreten, es bestand ja nicht die Gefahr einer Invasion. Dennoch hat es seine Soldaten geschickt. Deshalb bewunderte, liebte und beweinte ich sie.

— Und als die Bomben der Fliegenden Festungen auf Berlin, Hamburg und Köln fielen und Tausende von Zivilisten töteten — war Ihnen das auch gleichgültig?

— Wir waren im Krieg. Ich war für alles, was dazu diente, diesen Krieg schnell und zu unseren Gunsten zu entscheiden. Wie sollte mein Herz zerreißen, als Hamburg bombardiert wurde, wenn es doch schon zerrissen war, als die Bomben auf London fielen. Ich war auf der Seite der Unschuldigen, sie mußten gewinnen.

— War der begeisterte Empfang in Israel für Sie ein besonderes Erlebnis?

— In dem Applaus der Israelis habe ich eine Art Dankbarkeit gespürt, die nicht mir als Sängerin galt. Sie wissen, daß ich ihretwegen mein Geburtsland verlassen und meine Muttersprache aufgegeben habe. Diese Dankbarkeit habe ich auch in England, Norwegen und Holland erfahren. In Polen haben die Leute am Ausgang auf mich gewartet, um mir für mein Mitgefühl zu danken. In all diesen Ländern bin ich dem Publikum herzlich verbunden.

— Nicht in Frankreich?

— Nicht in Frankreich. Die Franzosen sehen mich nur als Sängerin. Dort kann ich Erfolg haben, aber ich spüre nicht dieses Gefühl, das ich von Polen, England oder Israel kenne. Es mag hart klingen, aber ich glaube, den Franzosen ist es völlig egal, was ich im Krieg gemacht habe. Sie interessiert weder meine Gegnerschaft zum Nazismus noch meine Liebe zu Frankreich.

— Sie halten Sie immer noch für eine Deutsche?

– Es ist traurig: in keinem anderen Land hält man mich für eine Deutsche. 1939 habe ich die amerikanische Staatsbürgerschaft erhalten, obwohl ich die französische wollte, aber die Formalitäten waren zu kompliziert und langwierig. Nun, der Paß hat keine Bedeutung. Meine Liebe für Frankreich kann ich nicht erklären, was beweist, daß diese Liebe echt ist. Und wenn ich sage, »ich gehe nach Hause«, meine ich, daß ich nach Frankreich zurückkehre. Ich weiß nicht, ob die Franzosen es gemerkt haben, aber ich habe hier nie »Lili Marleen« gesungen. Für die Franzosen ist es ein Lied der Besatzer, sie hören zugleich immer den Widerhall der Militärstiefel. Wenn im Olympia-Saal auch nur einer gewesen wäre, bei dem »Lili Marleen« schlechte Erinnerungen wachgerufen hätte, wäre das ein Grund für mich gewesen, es nicht zu singen.

– Es wird aber eines Tages doch notwendig sein, Deutschland zu verzeihen.

– Deutschland zu verzeihen sollte denen vorbehalten sein, die unter Deutschland gelitten haben.

Marlene Dietrichs schöne Kunst

Dolf Sternberger (1960)

Lichtenberg, der gewiß zu spotten, aber ebenso sehr und vielleicht noch mehr zu bewundern verstand, hat in seinen Londoner Briefen vom Jahre 1775 seine ganze Wahrnehmungskraft daran gewendet, die Kunst Garricks zu erfassen und zu beschreiben, der damals der berühmteste Schauspieler Englands war. Er war nicht nur auf dessen Sprechweise und Betonung, sondern im selben Zuge auf seine Gestalt, sein Mienenspiel und seine Gebärden aufmerksam. An der Stelle des ersten Briefes, wo er höchst anschaulich die körperliche Bewegung schildert, die dem großen Hamlet-Darsteller eigentümlich war, macht Lichtenberg die folgende Bemerkung: »Es schleudert und schleift und schleppt nichts an ihm, und da, wo andere Schauspieler in der Bewegung der Arme und Beine sich noch einen Spielraum von sechs und mehr Zollen zu beiden Seiten des Schönen erlauben, da trifft er es mit bewundernswürdiger Sicherheit und Festigkeit auf ein Haar.«

Das ist genau der Fall von Marlene Dietrich. Man kann nicht anders, als von ihren Auftritten und Abgängen und von den Bewegungen ihrer Arme und Hände, von ihrem reizenden Lächeln und lausbübischen Zwinkern, vor allem aber von den Modulationen ihrer Stimme in solchen Ausdrücken klassischer Ästhetik zu reden. Sie trifft das Schöne auf ein Haar. Ich spreche jetzt nicht von Schönheit, die ihr ohnehin eigen ist – halten wir es hierin mit Jean Cocteau,

123

dessen Huldigung im Programmheft zu lesen ist: »Votre beauté s'impose, il est inutile qu'on en parle… !« –, ich spreche von der Schönheit, die sie herstellt, bewirkt, vollbringt, ich spreche von ihrer Kunst.

Sie singt ordinäre Lieder – aber wie vollkommen! Da ist das berühmte von den »Boys In The Backroom«, es stammt aus dem großartigen, durch Marlene Dietrich großartigen amerikanischen Gangster- und Kneipenfilm *Destry Rides Again,* entstanden 1939. Es ist eine Art von Vermächtnis einer Saloon-Diva, die allen ihren boys zugetan ist – zweideutig und gutmütig zugleich –, und es läuft (so viel ich verstanden habe) darauf hinaus, daß sie sich auch über den Tod hinweg bei diesen Jungens noch ein herzhaft gutes Andenken bewahren will. Diese halben Töne, diese in gurrendem Gemurmel verschwimmenden Versschlüsse, und dann wieder dieser frech-fröhliche Trotz, mit dem die Stimme sich, halb singend, halb sprechend, jedesmal zu schmetternder Deutlichkeit erhebt bei den Worten »… and when I die«, mit denen der Refrain im Marschrhythmus anhebt! Oder jenes unvergleichliche Slang-Poem vom »Laziest Girl In Town«, von der trägesten Göre der Stadt, wo sie eine Art hat, allein durch den Vortrag ein Zögern, Gähnen und wohlig-laszives Räkeln auszudrücken, ohne die mindeste pantomimische Hilfe, wiederum aber bei aller Dehnung in sehr bestimmter, darum eben durchaus komischer Rhythmisierung – daß man es zehnmal, hundertmal hören möchte, um dieser Nuancen habhaft zu werden, um es ganz und gar zu genießen. Oder endlich die altvertraute »fesche Lola« (aus dem *Blauen Engel*): das ist so frisch und so präzis wie am ersten Tag, überhaupt nicht vergilbt, voller Leben und vor allem voller Geist! Wie ergötzt es uns, wenn der ent-

124

rückte Star im schönen Glitzerkleide da in genauer Andeu-
tung sich berlinisch vernehmen läßt – »der Liebling der
Säsong« –, und wenn sie mit einem sparsamen, gespielten
Nachdruck des Kopfes, wie zur Belehrung des Publikums,
die Mitteilung macht, daß sie ein »Pi-a-no-la« habe »daheim
in mein Salong«, indem ihr Stolz auf das kostbare Fremd-
wort oder auch auf diesen ungewöhnlichen Besitz die
Zweideutigkeit gleichsam aufzuwiegen, aber auch wieder
hervorzukehren scheint! Es ist unglaublich, wie sie hier
zwischen der Nachahmung des Gemeinen und der Parodie
des Gemeinen eine heitere Mitte zu halten weiß. Auch das
trifft sie wahrhaftig aufs Haar, und in der Tat mit bewundernswürdiger Sicherheit und Festigkeit. Keinen Zoll dane-
ben, weder nach der Seite der banalen Charge (einer versof-
fenen Dirne, die sich aufs Boxen und Treten versteht) noch
nach der Seite der hochnäsigen Ironie (einer gewitzten Con-
férence für bessere Leute). Die Figur der Lola – all diese A
in »Lola« und »Pianola« werden berlinisch offen und gel-
lend, unbekümmert und auch etwas leiernd gesungen –
die Figur ist vollkommen gegenwärtig und doch in eine
Distanz gerückt durch diese Kunst des maßvollen Vortrags:
sie ist vulgär und dezent zugleich, lächerlich und doch lie-
benswert.
Nicht die leiseste Spur jener heimlich-offenbaren Anbiede-
rung an die jeweils einschlägigen Instinkte, welche geringe-
re Talente für die eigentliche Würze der sogenannten leichten Muse halten.
Und sie singt sentimentale Lieder – aber wie vollkommen!
Jenes »Frag nicht, warum ich weine, frag nicht warum...«,
das sie mit einer leisen ehrenden Erinnerung an Richard
Tauber zu verbinden pflegt, ist gewiß ein rechter Schmar-

ren, wenn man den Text – und auch, wenn man die Melodie besieht. Das sentimentale Genre gehört halt zu den festen Bestandteilen jeder Art von Brettl- und Überbrettl-Programm, es muß darin vorkommen; es gehört sich, daß zwischen den frechen und den komischen, den lüsternen und den schnöden Stücken oder Stückchen auch eine Weile lang in Sehnsucht und Abschiedsweh gebadet wird. Es ist der Brauch, da gibt's kein Rechten und keine Reformation. Es wäre auch albern, mit soziologischem Aufwand den Gründen nachzuforschen. Viel interessanter ist es, zu unterscheiden, wann auch in dieser Sphäre die routinierte und bequeme Verbrüderung mit dem allgemeinen Heul- und Schnupfbedürfnis aufhört und die Kunst anfängt. Bei Marlene Dietrich fängt die Kunst an. Es gibt in diesem Richard-Tauber-Lied – dem Solo einer neuen Mignon von geringerer Klasse oder Rasse – eine Passage, wo sich die Melodie aus dem dumpf tränentropfenden Duktus des Anfangs zu einem ausladenden Klageton erhebt: die Zeile heißt: »Wir gehen auseinander… « und ist mit ausgebreiteten Armen zu singen. Das tut die Dietrich auch, wie rechtens, sie hebt die schönen Arme und zeigt die inneren Handflächen, sie hebt sie keinen Zoll zu hoch, aber sie gibt genau an dieser Stelle ihrer Stimme plötzlich einen Nachdruck, eine Lautstärke, die einen ganz leicht übertriebenen, an die Grenze der Parodie reichenden Schicksalsdonner vernehmen läßt: und im selben Augenblick ist das sentimentale Genre gerettet. Oder »Johnnie, wenn du Geburtstag hast« – welches freilich nicht streng hierher gehört, weil es in Text und Weise von Anfang an humoristisch angelegt ist, und weil also das Sentimentale schon in Gänsefüßchen steht: aber welch eine Skala seufzender, schnurrender, flehender, am

Ende ganz selbstvergessen in die Tiefe hinabgleitender Töne gelingt ihr da, und beinahe alles mit dem einen wiederkehrenden Wort »Gebuurtstaag«! Und wieviel Witz liegt in diesem Vortrag – aber kein schnöder Witz, vielmehr ist das eine Art Witz von reinster Liebenswürdigkeit! Abermals ist das arme Ding, das sich so sehr nach Johnnie sehnt, ganz gegenwärtig und doch zugleich in eine heitere Distanz gebracht, ganz ins Komische verdreht und doch zugleich wieder herzlich nahe.

Der frechste Schlager von ehedem – »Wer wird denn weinen, wenn man auseinandergeht« – wird in ihrem Munde anmutig, und das traurigste Chanson gefühlvoller Verlorenheit – »Ich weiß nicht, zu wem ich gehöre« – gewinnt in ihrem Munde eine bezaubernde Helligkeit. Man möchte fortfahren und all die kleinen Gesten festhalten, die kosenden, die kecken, die düsteren, die lieblichen, all die Unmerklichkeiten aufsparen, in denen das Geheimnis zu stecken scheint. (So wie Lichtenberg seinem Garrick beschreibend auf den Fersen blieb durch alle Rollen, deren er nur ansichtig werden konnte.) Was für ein Geheimnis? Das Geheimnis der Kunst oder – noch besser: das Geheimnis des Schönen. Es gibt keinen anderen Namen. Es ist ein fataler Irrtum zu meinen, das Schöne komme nur in der großen Oper vor, gar im Weihefestspiel, oder bloß in alledem, was ein entarteter und spießiger Sprachgebrauch heute unter die »Kultur« subsumiert. Das Schöne kommt überall dort zum Vorschein, wo der Geschmack und das genaue Maß regieren, wo eine hohe Disziplin zur freien Anmut gediehen ist – und sei es selbst im Vortrag eines Gassenhauers. Wo der rohe Stoff verdampft, der blöde Trieb destilliert ist, aber das Kunstgebilde selbst wiederum ein neues eigenes Leben gewinnt. Von ihrer persönlichen Disziplin hat Frau Dietrich übrigens bei dem Wiesbadener Gastspiel ein rührendes Beispiel gegeben – als sie von der Rampe stürzte und sogleich wieder oben erschien, um die Nummer zu wiederholen – und von ihrer tiefen Höflichkeit nicht minder – als sie ganz zum Schluß die Leute um Verzeihung bat, die dieser Zwischenfall etwa erschreckt habe: sie habe sich nicht weh getan. Beide Züge oder Kräfte aber kommen ihrer Kunstübung zugute, darum gehört die Episode in diesen Zusammenhang. Denn – wie abermals Lichtenberg von seinem Garrick sagte: »Ich fürchte, es ist vieljährige Zeit und Schweiß kostende Uebung des Leibes, die sich endlich zu dieser Ungezwungenheit aufgeklärt hat und die … jetzt bei ihm aussieht, als hätte er sie umsonst.«

Effektvoll und üppig

Der Musikkritiker Klaus Geitel beleuchtet den musikalischen Wandel der Dietrich von den zwanziger zu den sechziger Jahren.

Wenn immer von »der« Show der Dietrich die Rede war, so visierte das nur den relativ geringen Austausch von Nummern in ihrem ständigen Repertoire. Es blieb sich über die Jahre hin ziemlich gleich. Ungleich indessen präsentierte sich im Verlauf der Zeit natürlich die einzelne Vorstellung: die Auftritte im Londoner »Café de Paris« von 1954 unterschieden sich deutlich vom »Late Night Entertainment« der Dietrich im Rahmen der Edinburgher Festspiele 1964 wie von ihren Gastspielen im liebenswürdigen Kopenhagener Tivoli zu Beginn der siebziger Jahre.

Die Dietrich war schließlich die erste nicht, die nach und nach gezwungen war zuzugeben, daß selbst ihr ewige Jugend nicht in die Wiege gelegt war. Ihre Show alterte allmählich mit ihr. Das ist ganz natürlich und nicht weiter der Rede wert. Wichtig aber ist, daß die Dietrich-Show sich in sich veränderte, und man kann diesen Unterschied knapp mit zwei Namen benennen: Friedrich Hollaender und Burt Bacharach.

Hollaender hatte musikalisch das Image der Dietrich geformt wie von Sternberg das cinématographische. Beide ergänzten sich; sie schossen ineinander zu einem einzigen Bild: die singende Dietrich war tatsächlich ein Produkt des Teams Hollaender-von Sternberg. Das aber sollte sich ändern. So deutlich auch die Dietrich bei der Création ihrer Bühnenexistenz auf von Sternbergs Anregungen zurückgriff, so wenig hielt sie sich an die Einflüsterungen Hollaenders. Sie sang zwar seine Songs, nach wie vor nicht nur die populärsten, sondern die originellsten ihres Repertoires, von den Liedern des *Blauen Engel* bis zu jenen aus *Destry Rides Again;* aber sie unterwarf ihren kammermusikalischen Charme der frischen instrumentatorischen Vehemenz Bacharachs. Sie schlug musikalisch gewissermaßen den umgekehrten Weg ein, den sie auf der Bühne als Showstar ging. In ihrer beinahe abstrakten Show visierte sie Zeitlosigkeit, musikalisch aber wies sie die inzwischen »klassisch«, also gleichfalls zeitlos gewordene Kunst Hollaenders ab und kaprizierte sich auf das »blow up« Bacharachs: seine effektvollen Arrangements, die up to date waren, selbst (oder gerade) durch ihre Stillosigkeit.

Aber natürlich spiegelte dieser Wandel gleichzeitig den Aufstieg des Stars Dietrich aus dem eleganten Souterrain der Intimität in das gleißende Licht der großen Häuser mit einem nach Tausenden zählenden Publikum. Als sie 1954 in London im »Café de Paris« auftrat, spielten George Smith und sein Orchester noch eine Begleitmusik, die ihre scharfe Diktion, ihre Herkunft aus dem Berlin der späten zwanziger Jahre nicht verleugnete. Die Arrangements besaßen Stil, Handschrift, kammermusikalischen Schliff: eine kesse Direktheit, die sich dennoch auf intime Wirkung verstand.

Bacharach trat sozusagen den Quark breit – doch mit der elegantesten Sohle. Er pulverte ihn auf. Er machte ihn auf fade Art weltläufig: mit einem Raffinement, neben dem sich Hollaenders Simplizität geradezu genial ausnimmt. Dennoch – Bacharachs üppige Arrangements schwemmten die

Dietrich erst in die große Karriere. Unversehens war sie in die Hände eines Karajans des musikalischen Entertainments geraten, neben dem Hollaender beinahe wirkte wie Johann Sebastian in Person. Zwischen dem Live-Mitschnitt ihres Auftretens im »Café de Paris« 1954 und dem von 1964 im Londoner »Queens Theatre« (musikalische Leitung und Arrangements: Burt Bacharach) scheinen jedenfalls weit mehr als zehn Jahre zu liegen: eine Lebensentscheidung. Mit diesen Arrangements schminkte die Dietrich sich Jugend herbei, die Lebensfrische der musikalischen Aktualität. Gleichzeitig aber mußte sie, um mithalten zu können, auch ihrer Interpretation krassere Farben geben. Aus der Zartheit der Diseuse wurde nun manchmal die Agressivität einer Sängerin, die sich um jeden Preis durchsetzen zu müssen glaubt. Am deutlichsten wurde das an den Wandlungen ihrer Interpretation von »Go 'way from my window«, in der plötzlich grelle Wirkungen zum Durchbruch kamen, die alle köstliche Verschmitztheit, die als »sophisticated« gelten konnte, davontrug. Bacharach formte in diesen Jahren die Dietrich um. Er erkämpfte ihr größere Resonanz. Er machte gleichzeitig ihre Kunst landläufiger. Er zwang sie hinüber in größere Dimensionen.

Sie füllte sie, und der Erfolg gab Bacharach recht. Er hatte ihr den musikalischen Steigbügel gehalten; nun tat sie ihm ein gleiches. Bacharach kletterte seinerseits in den Großerfolg, der in der Musikbranche des unterhaltenden Genres inzwischen längst den der Dietrich überflügelt hat. Leider ist die Zeit der Um- und Rückkehr zu Hollaender nicht mehr gekommen. Bewunderer der Dietrich haben heutzutage die Wahl zwischen dem alten Genie und dem neuen Talent. Die »Klassikerin« Dietrich wird sich im Schlagermuseum jedoch wahrscheinlich an der Seite Hollaenders wiederfinden.

Es stimmt indessen nicht, was immer wieder behauptet wird: die tiefe Stimme der Dietrich, die sie weltberühmt machte, sei in Babelsberger UFA-Ateliers hervorgekitzelt worden. Die Lieder des *Blauen Engel* jedenfalls singt sie mit dem Pieps-Sopran der »kessen Lola«: einer Stimme, die eher zur Höhe als zur Tiefe tendiert – wenn es möglich ist, Stimmen von Diseusen überhaupt zu klassifizieren.

Alle alten Aufnahmen der Dietrich weisen sie durchaus nicht als Stimm-Vamp auf. Erst die Lieder aus *Morocco,* gedreht 1930 als erster amerikanischer Film der Dietrich direkt nach dem *Blauen Engel,* lassen ihre Stimme in der Altlage hören. »Give Me The Man« von Robin-Hajos und »Quand l'Amour Meurt« von Crémieux sind die ersten Lieder im neuen tiefen Ton der femme fatale, der Erzbuhlin und Verführerin, gesungen wie durch ein rauchiges Megaphon der Sünde.

Sie geben musikalisch plakativ den neuen Stil bekannt, in den von Sternberg die Dietrich nun dirigierte – und zwar für Zeit und Ewigkeit. Denn an ihrer Unsterblichkeit (sei es auch nur auf der Leinwand und auf Schallplatten) kann längst kein Zweifel mehr sein. Nicht nur »Destry Rides Again«. Auch Marlene wird ewig singen.

Mythos in eigener Regie

Silvia Bovenschen (1979)

Eine Diskussion, die ich in einer Frauengruppe führte, hat mich bewegt: vor einiger Zeit wurde im Fernsehen ein Galaabend aus London allein bestritten von der nun schon etwas älteren Marlene Dietrich. Ein Kunstprodukt betrat die Bühne: jede Bewegung perfektioniert, jede Gebärde genau ausgearbeitet, vorgeplant, jeder Gesichtsausdruck ästhetisches Kalkül, jeder Schritt, das Drehen des Kopfes, die Bewegung der Hände – sparsam – artifiziell: die Summe der Details und der Gesamteindruck: jahrzehntelange Erfahrung ermöglichen Präzision. Bei den bekannten alten Liedern – singen kann sie eigentlich gar nicht – raste das Publikum – die Interpretin ganz kühl, leise Ironie, auch Darstellung von Rührung, aber kein Versuch, deren Unmittelbarkeit vorzutäuschen, alles bereits einkalkuliert. So singt sie, mehr sprechend als singend, die Refrains der Lieder verschleifend, verwischend – auch das nicht zufällig, sondern gezielt mit dem Gestus: das kennt ihr ja schon längst, das gefällt euch, wenn ich es singe... In den Zwischentexten gekonnter Kitsch, Reminiszenzen, die Kunstbiographie der Darstellerin verschmilzt mit den Biographien der älteren Zuschauer, für die jüngeren ist es schon eine Legende. Hinter ihr ein großes Bild von früher (nur der Kopf), das Gesicht zwar älter, aber nicht so, als handele es sich um einen biologischen Alterungsprozeß, sondern als wäre auch dies eine Verschiebung, die historischen Abstand bezeichnen soll, künstlich arrangiert. Ebenso künstlich der Körper: absolut glatt – wie mit einem unbekannten Material überzogen: die Vorführung einer Vorstellung eines Körpers der Frau. Aber zurück zu der Diskussion, es wurde mir gesagt, das alles sei sehr traurig, diese Frau könne nicht wirklich altern, sicher habe sie das Gesicht liften lassen; da wäre zu sehen, was sich die Frauen so antäten ... das wäre das alte Spiel. Ich meine: es ist in der Tat das alte Spiel, aber die Spielregeln haben sich verändert. Der Mythos tritt auf und demonstriert sich selbst als Mythos in eigener Regie. Überdreht. Wie im Zoo. Der Affe ist plötzlich der Betrachter, die Menschen stehen hinter dem Gitter und glotzen. Mit der realen Frau, an deren wirklichen Namen sich niemand mehr erinnert, hat das wenig zu schaffen. Wer weiß, wie sie in der Garderobe nachher aussieht, wer weiß, wie wir in dem Alter aussehen. Das ist eine andere Welt. Aber die Kunstfigur Marlene Dietrich ist schon deshalb interessant, weil sie eine der wenigen intellektuell-unterkühlt agierenden Schauspielerinnen, die zudem immer einen leicht männerverachtenden Zug hatte, war, die zum Mythos werden konnten. Nun trat sie wieder einmal auf und demonstrierte den Vorgang der Mythisierung, der mit ihr geschah und über den sie sich erhebt. Auch die reaktionäre Kunsttheorie hat den Frauen immer wieder die darstellend-körperliche Kunstaktivität zugestanden. Da ist insofern was Richtiges dran, als die Frauen – von anderer Möglichkeit ausgeschlossen – die Kunst häufig in ihre Körper verlängert haben; ihre Körper als Kunstprodukte einsetzten. Viele sind daran gescheitert. Marlene Dietrich, die coole aber triumphiert: sie handhabt die Projektionen souverän: das Publikum entspricht den Erwartungen, der Mythos empfängt, vorher hatte eine

Schauspielerin den Erwartungen des Publikums entsprochen. Zweimal; einmal als Bild, einmal als Kunst-Person schaut sie von der Bühne: Bitte, wenn ihr es so haben wollt...

Die Lust der Distanz

Georg Seeßlen (1992)

»Marlene Dietrich« entstand, indem man besonders deutliche
Zeichen des Weiblichen mit besonders deutlichen Zeichen
des Männlichen auf einer möglichst indifferenten Projek-
tionsfläche kombinierte und den so entstandenen Menschen
mit einer Mischung aus Spott, Einsamkeit und narzißti-
scher Lüsternheit darauf reagieren ließ. Alles an ihr sollte
sich an Grenzen abspielen, zwischen den Geschlechtern,
den Ländern, den Zeiten.

Marlene Dietrichs Leinwand-Geschichte entwickelte sich aus
dieser Frau mit den männlichen Attributen, die den Vater-
Mann ruiniert hat (und aus der Geschichte der Schauspielerin, die den großen Emil Jannings übertrumpfte). Was
mochte geschehen, wenn diese Frau auf Reisen ging, wenn
sie in politische Intrigen verwickelt würde, wenn sie verfolgt würde, wenn sie sich verlieben würde, trotz aller mög-
lichen dunklen Vergangenheit, wenn sie einen Ehemann
haben würde, einen Geliebten vielleicht, ein Kind sogar?
Aus allen diesen Fragen wurden ihre Filme. Und es konnte
nicht ausbleiben, daß mit jeder Beantwortung ein Stück
Geheimnis verloren ging und ein Stück Menschlichkeit gewonnen wurde. Ab dem wunderbar komischen Western *Destry Rides Again* ist die spöttische Distanz ersetzt durch
eine spöttische Kumpanei. Nun ruiniert sie die Männer
nicht mehr, jedenfalls möchte sie das nicht mehr unbedingt,
sie versucht sie sogar hier und da zu retten. Das bringt sie

selber um, zerstört das Bild, das ihr so viel Schutz gegeben hat.

Marlene Dietrich scheint zunächst ganz und gar Bild zu sein, das Geformte, das verschwindet, wenn das Licht vergeht, und der Blick, den es geführt hat. Sie wirft mehr Licht zurück als je ein anderes Wesen; sie scheint alles Licht noch zu verstärken, zu verteilen, in unsichere Gefilde zu leiten. So ist dies ein Bild, das seine Geformtheit, seine »Künstlichkeit« nicht leugnet, aber dennoch nicht nach den Regeln funktioniert, nach denen Bilder funktionieren sollen. Denn »richtige« Bilder, im Kino schon allemal, sollen ja das Gebannte darstellen, etwas, das nicht mehr entkommen kann (während eher außen herum, im Nicht-Sichtbaren, das Bedrohliche lauert). Bilder sollten nach der militärischen Regel geschaffen sein, daß wir sie ansehen können, ohne daß sie zurückblicken. Nur so ließe sich ja die unendlich suggestive Welt der Bilder und vor allem der Frauenbilder bändigen. Das Bild der Marlene Dietrich indes, das in seiner statuarischen Ikonographie immer wieder auf bestimmte Merkmale zurückkehrt (der Mund, die hochgezogenen Augenbrauen, der Hut, das Fell, die Beine) läßt sich nicht davon abhalten, selber zu blicken. Und wie.

Ich weiß, so sagt das Bild der Frau im Kino und sonstwo so oft, daß ich ein Bild der Entblößung bin. Marlene Dietrichs Blick macht den Betrachter zum Entblößten, nicht so wie der von Mae West, der uns sinnlich abschätzt (das hat noch jeder überlebt), sondern wie jemand, der alle Hierarchien der Spiegelungen und Bilder durchbricht. »Schauspieler und Publikum werden austauschbar«, hat Josef von Sternberg einmal gesagt. Die Verführung, die von ihr ausgeht, hat nichts mit planer Erotik zu tun. Es ist die Einladung in eine andere Welt, die Verführung zu einer anderen Sprache der Liebe. Dabei ist die Verbindung von Zeichen des Männlichen und Zeichen des Weiblichen weit mehr als kokettes Beiwerk. Weder spielt sie eine »Hosenrolle«, noch macht sie recht eigentlich Mode mit ihren Anzügen, Fliegen und Krawatten (nicht daß dies nicht modische Kreise gezogen hätte). Und es ist auch nicht komisch, kein Zwischenstadium der Identitätssuche, wenn sie immer wieder Transformationen von Männlich und Weiblich durchlebt, als sei das eben eine semantische und keine biologische Angelegenheit. Biologisches, soziales und ästhetisches Geschlecht finden zwar eine Form, aber sie haben nicht dieselben Adressaten. Hinter den Schleiern, den Falten, den Schlitzen und Verkleidungen lauern viele Geheimnisse, eine Reihe von Beziehungen, die dazu geführt haben, daß Marlene Dietrich ein wunderbarer Gegenstand für Essays wurde, das Geschlechtliche in der Welt der Bilder und Zeichen betreffend, aber auch Bereiche vollständiger Leere. Die scharfe Kontur ist bei Marlene Dietrich die andere Seite einer Geste des Verschwindens. »Mein Gesicht einfach so, das wäre gar nichts«, hat sie einmal gesagt. Und auch ihre Stimme verschwindet inmitten ihrer Lieder gelegentlich einfach.

Wenn der Glamour unter anderem aus der Vermischung der männlichen und der weiblichen Zeichen in einer Kultur entsteht und dabei für die entscheidenden Augenblicke die Widersprüche zwischen den Männerbünden und den Frauenbünden aufhebt, so funktioniert er gewiß immer auch in einer merkwürdigen Spiegelung des Militärischen. Marlene Dietrich, deren zwei Väter im Leben aus preußischen Militärtraditionen kamen, hat dafür immer ein Faible behalten. Und so gibt es im Krieg Marlene Dietrich als Truppenbetreuerin in US-Uniform, die sie mit noch größerem Vergnügen zu tragen scheint als die Hosenanzüge. Man stelle sich vor: Marlene Dietrich, die für die amerikanischen, Zarah Leander, die für die deutschen Soldaten singt. Beide Frauen, die jeweils ganz und gar nicht das Idealtypische (nicht das Pin-up-Girl à la Betty Grable, nicht das Mädel à la Lilian Harvey) verkörpern, bezeichnen auf sehr verschiedene Weise das Prinzip des Fremden im Eigenen und die mythische Anwesenheit der abwesenden Frau für das Leben im Krieg. Während man sich nach Nähe und Wärme zu sehnen hätte, verkörpern sie etwas, das entschwindet. Weiblichkeit im Zustand der Auflösung oder der Neubildung. Distanz und Nähe sind nicht mehr auszumachen; das Weibliche löst sich auf und kann überall, auch in der Welt der männlichen Zeichen erstehen. In Marlene Dietrich war das »Deutsche« schon gerettet für eine amerikanische Zukunft, bevor der Krieg gewonnen war, und in Zarah Leander war der Krieg schon verloren.

Was Marlene Dietrich in den Jahren nach dem Krieg auf der Bühne vor allem zelebriert hat, war die Lust der Distanz. Sie nimmt den Applaus nicht einmal dankbar, schon gar nicht gerührt entgegen, sie registriert ihn nur neugierig, es gibt keine Sentimentalität zwischen ihr und dem Publikum. Nicht einen Augenblick. Marlene Dietrich hat alle Frauenrollen, die die populäre Mythologie geschaffen hat, zur Seite gelassen, so wurde sie unvergleichlich. Das ist eine Seite des Geheimnisses. Eine andere ist ihre Gleichgültigkeit, eine energisch-spöttische Art ganz sie selbst und nie bei der Sache zu sein.

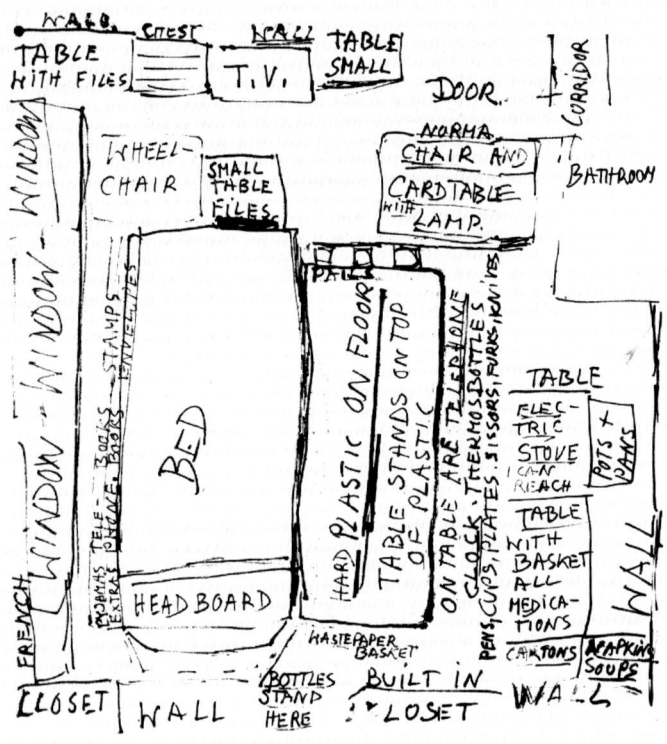

Skizze der Dietrich von der ihr vom Bett aus erreichbaren Welt,
Paris ca. 1990

Lebensdaten

1901   Marie Magdalene Dietrich wird am 27. Dezember in Berlin geboren.

1922/23 Erste Theater- und Filmrollen in Berlin.

1923   Heirat mit dem Regieassistenten Rudolf Sieber.

1924   Geburt der Tochter Maria.

1929   Josef von Sternberg engagiert sie als Lola Lola.

1930   Premiere des *Blauen Engel* am 1. April in Berlin. In derselben Nacht Abreise mit der »Bremen« in die USA. Im November Premiere ihres ersten amerikanischen Films *Morocco*.

1935   Nach sieben gemeinsamen Filmen Trennung von ihrem Regisseur Josef von Sternberg.

1936-39 Marlene Dietrich pendelt zwischen Hollywood, New York, London, Wien, Paris und der Côte d'Azur. Seit Mai '37 ist sie in den USA als »Gift für die Kinokassen« verschrien. Im Juni '39 erhält sie die amerikanische Staatsbürgerschaft. Im November Comeback mit der Westernkomödie *Destry Rides Again*.

1944/45 Für die United Service Organisation (USO) tritt Marlene Dietrich in Bühnenshows zur Unterhaltung der amerikanischen und englischen Truppen auf, zunächst in Nordafrika, dann in Europa.

1947   Als erste Frau erhält sie die »Medal of Freedom«, die höchste amerikanische Auszeichnung für Zivilpersonen.

1950   Am 8. November wird sie in Paris zum »Chevalier de la Légion d'Honneur« ernannt.

1953/54 Aufsehenerregende Bühnenshows in Las Vegas (Hotel Sahara) und in London (Café de Paris). Beginn ihrer zweiten Weltkarriere als Diseuse.

1960   Während einer Europa-Tournee kommt Marlene Dietrich zum ersten und letzten Mal seit 1945 nach Deutschland.

1975   Im September tritt Marlene Dietrich in Sydney zum letzten Mal öffentlich auf. Von da an lebt sie zurückgezogen in ihrer Pariser Wohnung.

1992   Marlene Dietrich stirbt am 6. Mai in Paris. Am 16. Mai wird sie in Berlin auf dem Friedhof Friedenau beerdigt.

Ausgewählte Bibliographie

Steven Bach, Die Wahrheit über mich gehört mir. Marlene Dietrich, München 2000 [1993 unter dem Titel Marlene Dietrich. Leben und Legende]

Helga Bemmann, Marlene Dietrich. Ihr Weg zum Chanson, Berlin-Ost 1986

Marlene Dietrich, ABC meines Lebens, Berlin 1963

Marlene Dietrich, Ich bin, Gott sei Dank, Berlinerin. Memoiren, Frankfurt am Main 1998 [1990]

Marlene Dietrich, Nehmt nur mein Leben, München 1981

Marlene Dietrich. Dokumente, Essays, Filme. 2 Bände. Zusammengestellt von Werner Sudendorf, München 1977/1978

Marlene Dietrich. Ausstellungskatalog, Bonn 1995

Marlene Dietrich. Portraits 1926-1960. Einleitung Klaus-Jürgen Sembach, München 1984

René Droz, Marlene Dietrich und die Psychologie des Vamps. Eine Bildchronik mit Texten von Victor Barnowsky, Zürich 1961

Manfred Georg, Marlene Dietrich. Eine Eroberung der Welt in sechs Monaten, Berlin und Wien 1931

Adolf Heinzlmeier, Marlene. Die Biografie, München 2000

Franz Hessel, Marlene Dietrich. Ein Portrait, Berlin 1992 [1931]

Alexander Liberman, Marlene. An intimate photographic memoir, New York 1992.

Richard Mentele (Hg.), Auf Liebe eingestellt. Marlene Dietrich's schöne Kunst, Bensheim und Düsseldorf 1993

Constantin Petru, Marlene Dietrichs Realität. Die letzten Jahre in Paris, Nienburg 1993

Maria Riva, Meine Mutter Marlene, München 2000 [1992]

Donald Spoto, Marlene Dietrich. Biographie, München 2000 [1992]

Josef von Sternberg, Das Blau des Engels. Eine Autobiographie, München 1991

Renate Seydel, Marlene Dietrich. Eine Chronik ihres Lebens in Bildern und Dokumenten, Berlin-Ost 1984 / München 1989

Hans Wißkirchen (Hg.), Mein Kopf und die Beine von Marlene Dietrich. Heinrich Manns Professor Unrat und Der blaue Engel, Lübeck 1996

Textnachweise[*]

Hinreißend ordinär. Aus: Das Tagebuch, Heft 14, 14. 5.1930

Sanfte Erotik. Aus: Max Brod und Rudolf Thomas, Liebe im Film, Gießen 1930, S. 26-28

Die Verwandlung. In: Positif, Nr. 75, 1966, S. 20-21. Deutsch in: Marlene Dietrich. Dokumente, Essays, Filme, Band 2. Zusammengestellt von Werner Sudendorf, München 1978, S. 60-61

Madonna, Mutter, Maitresse. Aus: Deutsche Filmkultur, Bonn, Nr. 1, 1933

Fräulein Dietrich. In: Janet Flanner, Legendäre Frauen und ein Mann. Deutsch von Angelika Felenda, München 1993, S. 23

Ich gebe nur immer her. Aus: Filmexil. Stiftung Deutsche Kinemathek, Nr. 8, November 1996, S. 10-11

Gänzlich erstarrt. Aus: Weltbühne, 19. 4.1932, S. 605-606

Zwangsurlaub im Trainingslager. In: The New Yorker, 9.12.1939. Deutsch in Sudendorf, a.a.O., S. 120

Im Visier des FBI. Aus: Werner Sudendorf, Marlene, Hitler und das FBI, in: Süddeutsche Zeitung, Nr. 233, 10./11. 10.1998

Marlene Dietrich greift ein. Aus: Frankfurter Rundschau, 14.5.1960

Die Kleider der Marlene. Aus: Hubert von Meyerinck, Meine berühmten Freundinnen. Erinnerungen, Düsseldorf und Wien 1967

Ich bin Soldat gewesen. Aus: Le Nouveau Candide, 31.1. - 6.2. 1966 (aus dem Französischen von Katherina Poland)

Marlene Dietrichs schöne Kunst. Dolf Sternberger. In: Frankfurter Allgemeine Zeitung, 30.5.1960

Effektvoll und üppig. Aus Klaus Geitel, Gesamtkunstwerk aus Straß und Stimme: Die Shows der Dietrich. In: Sudendorf, a.a.O., S. 15-24

Mythos in eigener Regie. Aus: Silvia Bovenschen, Über die Frage: Gibt es eine weibliche Ästhetik? In: Gabriele Dietze (Hg.), Die Überwindung der Sprachlosigkeit, Frankfurt 1989 [1979], S. 82-115

Die Lust der Distanz. Aus: Georg Seeßlen, Clint Eastwood trifft Federico Fellini. Essays zum Kino, Berlin 1996, S. 74-81

---

[*] Der Verlag behält es sich vor, in den apropos-Bänden Schreibweisen zu vereinheitlichen, offensichtliche Fehler zu korrigieren und Kürzungen vorzunehmen.

Bisher erschienen:

Lee Miller
Leonora Carrington
Edith Stein
Helena Rubinstein
Ethel Rosenberg
Rita Hayworth
Clara Haskil
Mata Hari
Nelly Sachs
Jelena Guro
Yma Sumac
Carson McCullers
Vicki Baum
Selma Stern
Katherine Mansfield
Marlene Dietrich

In Vorbereitung:

Hannah Arendt
Louise Brooks
Eleanor Roosevelt
Golda Meir
Ginette Neveu